세상에서 하나뿐인
결혼지침서

조성빈 에세이

도서출판 때깔

작가의 말

**결혼을 꿈꾸는
이 땅의 모든 선남선녀에게
이 책을 바칩니다.**

　세상 사람 누구나 자기가 태어나서 자라고 현재 몸담고 있는 나라를 사랑할 것이다. 나 역시 어릴 때부터 우리나라 대한민국에 대한 조국애와 한국인으로서의 자부심을 갖고 있었다. 중학생일 때에 이런 생각을 한 적도 있다. 1970년대였으니 나라도 가난했지만 우리 집도 너무 가난해서 봄이 되면 양식이 떨어져 이웃 부잣집에서 쌀을 빌렸다가 가을에 추수해 갚는 생활을 할 때도 있었다.
　그때 들었던 생각은 "내가 한국에 태어나지 않고 다른 나라 미국이나 호주 같은 선진국에서 태어났다면 어땠을까?" 잠시 생각했다가도 "아니야! 비록 우리나라가 가난해도 나는 한국에 태어난 걸 후회하지 않아!" 하고 스스로 생각한 적도 있다. 그러다가 20대 후반, 90년대 유럽 항공사 항공기를 이용할 때 일이다. 그때 기내 여성 승무원의 태도가 아직도 기억에 선명하다.

  기내에는 젊은 동양인들이 많이 탑승하고 있었지만 특히 유럽의 70대 정도로 보이는 노부부에게 더 친근하게 밝은 미소로 부드러운 대화를 나누며 서비스하는 모습에서 동양인과의 차별을 느낄 수 있었다. 하지만 나는 이러한 광경을 보고 마음으로는 앞으로 대한민국은 세상에서 깜짝 놀랄 정도의 세계 일류국가가 되리라는 자부심을 강하게 가졌다.
  이것은 누구에게도 교육받은 것도 아니었고 스스로 잠재의식화 되어 있었다. 무엇보다 어릴 때부터 나는 한글에 대한 자부심이 아주 강했다. 세종대왕께서 어린 백성들을 위해 창제하신 이 독창적이고도 훌륭한 한글을 세상 사람들이 자유롭게 사용하면 얼마나 좋을까? 라는 생각이 항상 마음속에 자리 잡고 있었다.

  이제 21C는 대한민국이 지난 88년 서울 올림픽에서 내걸었던 '세계는 서울로, 서울은 세계로'의 슬로건처럼 대한민국

 의 의, 식, 주 문화를 비롯한 그 외 다양한 문화와 기술이 전 세계로 퍼져나가 세계와 함께 평화를 구현하는데 선도적이고 중추적인 역할을 할 것으로 기대한다. 이러한 나라의 미래를 생각할 때, 현재 대한민국이 처한 문제점이나 걸림돌은 무엇인가? 에 대해 깊이 고민하게 되었다.
 작금의 우리나라는 여러가지 현실적인 많은 문제를 안고 있으나 그중에서도 심각한 저출생 문제가 뇌리에 들어왔다. 이에 관해 깊이 고민하다 보니 결혼에 대한 생각으로 자연스럽게 옮겨지게 되었다. 왜냐하면 늦은 결혼과 기혼자들의 저출산도 문제지만 더욱 큰 문제는 미혼 인구가 늘어가고 심지어 결혼하고도 아이를 낳지 않는 부부 등, 여러 가지 결혼과 저출생 문제의 심각성에 관하여 깊이 심취하게 되었다.

 저출생과 비혼 문제를 어떻게 해결할 것인가에 대해 깊이 고민하고 연구한 바를 정리하여 집필해야겠다는 생각에 미치게 되었다. "문제가 있는 곳에는 답이 있다." 이것은 나의 좌우명이다. 항상 이 문제에 관해 답을 찾으려 노력함은 물론 어떤 해결안이 있을 것이라는 믿음으로 저출생과 결혼 문제에 관하여 지속적으로 공부하고 준비했다. 결혼에 대한 부정적인 시각이나 생각, 결혼의 참된 의미와 가치를 잘 알지 못하는 사람들, 출산과 양육을 통해 얻는 기쁨과 보상에 대한 나의 생각을 담았다. 그리고 후회하지 않는 결혼, 실패하지 않는 결혼을 위해 어떤 준비를 할 것인지 가장 중요한 부분이라 할 수 있는 결혼 상대를 잘 보고 선택하는 방법에 대해 정리해 놓았다.

이 책이 결혼을 꿈꾸는 독신들은 물론, 연애를 원하는 사람들, 이성 교제의 경험이 부족한 사람들에게 결혼 상대자 혹은 이성 교제를 통해 내가 원하는 이성의 상대를 선택하는 데 도움이 되기를 바란다.

2024, 5월 어느 봄날 오후
조성빈

차례

작가의 말   2

1장 │ 결혼생활과 삶

결혼의 의미	11
우리는 왜? 이 세상에 왔는가?	15
세상에서 가장 가치 있는 일	20
세상에서 가장 소중한 존재	24
행복은 어디에서 오는가?	28
세상에 공짜는 없다	30

2장 │ 교제를 위한 준비와 노력

이성교제를 위한 준비사항	35
이성교제 시 유의사항	44

| 3장 | 결혼상대 관찰하는 방법 |

첫 만남을 위한 준비	61
외형적 관찰	65
내면적 관찰	71

| 4장 | 결혼상대 판단 방법 |

결혼상대로 적합하지 않거나 피해야 하는 사람	91
결혼상대로 적합한 사람	124
빠른 결혼의 좋은 점과 장점	132
늦은 결혼의 위험요소와 단점	139
나의 결혼 시점 계산하기	147

| 글을 맺으며 | 151 |
| 추천서 | 154 |

1장... 결혼생활과 삶

- 결혼의 의미
- 우리는 왜? 이 세상에 왔는가?
- 세상에서 가장 가치 있는 일
- 세상에서 가장 소중한 존재
- 행복은 어디에서 오는가?
- 세상에 공짜는 없다

결혼의 의미

결혼은 예로부터 인륜지대사라고 했습니다. 사람이 일생을 살아가면서 겪는 크고 작은 일들이 얼마나 많습니까? 그중에서도 결혼을 왜? 인륜지대사라고 했을까요?

이 세상의 모든 생명체가 가장 중요하게 여기는 일의 하나는 종족 번식입니다. 이것은 모든 생명체의 본능이며 근본입니다. 생명체가 유지되고 계승될 때 다음 단계로 진화하고 발전할 수 있습니다. 만물의 영장인 사람도 종족 번식을 위해 반드시 거쳐야 하는 결혼이야말로 일생에서 가장 중요하지 않을 수 없습니다. 이는 인간윤리에 크게 접목하며 일생일대의 가장 큰 덕목이라 할 수 있습니다.

사람은 혼자서 살아갈 수가 없습니다. 서로가 교류하며 상호관계를 유지하고 도움을 주고받으며 살아가고 있습니다.

그래서 인간을 사회적 동물이라고 합니다. 하지만 사회적 동물인 사람뿐만 아니라 이 세상의 어떤 생명체든 홀로 존재했다거나 존재하는 경우는 없었고 또 없습니다. 식물이나 숲속의 새, 동물 등 지구상의 생태계는 조물주의 섭리에 따라 번식의 본능을 갖고 있습니다. 그러므로 모든 생태계는 이 풍요로운 우주와 만물과 조화를 이루어 살고 있습니다.

현재 나 자신이 세상에 존재하게 된 원인도 우리의 부모가 결혼을 통해 나를 낳고 내가 스스로 이 사회에 적응해 살 수 있도록 사회의 한 구성원으로 성장시켰습니다. 더 거슬러 올라가 보더라도 조상들 역시 이러한 과정들을 통해 현재의 우리가 존재하도록 이어져 내려온 역사입니다. 이것이 자연의 순리요, 섭리입니다.

이 세상의 모든 삼라만상은 "나"라는 존재가 있음으로써 의미가 있고 가치가 있습니다. 내가 없는 이 세상은 이야기할 가치도 없고 의미도 없는 것입니다. 이 아름다운 세상에 작은 존재만으로도 살아갈 수 있다는 것에 감사해야 합니다. 그리고 나를 낳아주고 길러준 부모에게 감사해야 합니다.

우리 부모님들은 내가 부모로서의 해야 할 역할을 다했다고 마침표를 찍는 그 순간은 나의 사랑스럽고 소중한 자녀들이 결혼할 때입니다. 또 우리의 부모님들이 인생에서 가장 감동하고 기쁨과 즐거움을 느끼는 그 순간은 나의 사랑스럽고 소중한 자녀가 "눈에 넣어도 아프지 않다"라고 하는 손주를 품에 안아보는 그 순간순간입니다.

우리는 결혼이라는 이 과정을 통해 자녀를 낳고 나의 정성과 희생으로 자녀를 양육하면서 비로소 어른이 되는 것입니다. 세월의 나이로 어른이 되는 것은 결코 아닙니다.

학교에서 배운 공부와 세상의 지식으로 어른이 되는 것도 아닙니다. 어른은 자녀를 위해 희생한 어떤 보상도 아닌 인생의 훈장과도 같은 것입니다. 이것은 세상의 무엇과도 바꿀 수 없는 인생에서 가장 값진 것입니다.

우리 선조들과 부모로부터 나에게까지 이어져 내려온 운명도 아닌 숙명과도 같은 역사 이어달리기의 주자와도 같은 것입니다. 우리는 역사 이어달리기의 마지막 주자가 되어서는 안 됩니다. 그렇게 된다면 그 순간 역사가 멈추게 됩니다. 우리의 뒤에는 수많은 역사 이어달리기의 훌륭한 주자들이 차례를 기다리고 있습니다.

대한민국은 앞으로 인류 역사 이래로 세계의 어느 나라도 가지 않았던 길을 개척해 나갈 것입니다. 세계 인류 평화를 위해 수만 년의 역사를 통해 이어져 내려온 홍익인간의 사상과 한민족의 이웃을 사랑하는 상부상조의 정신으로 세계의 모든 나라와 함께 평화를 위해 미래로 나아갈 것입니다.

한국은 이미 모든 분야에서 세계의 어떤 나라와도 교류할 수 있고 도움을 줄 수 있는 선진국으로서 역량을 갖추고 있습니다. 우리 후손들은 조상이 이루어 놓은 훌륭한 성과에 대해 우리나라 대한민국 국민으로서의 자부심과 긍지를 가지게 될 것입니다. 우리가 이 시대에 다하지 못한 과제를 다음 후손들에게 자랑스럽게 물려주어 후세대를 통해서 남은 과제를 하나하나 이루어 나갈 기회를 주어야 합니다.

우리는 왜?
이 세상에 왔는가!

　우리 영혼은 왜 이 세상에 왔을까요? 세상일에는 반드시 이유와 목적이 있는 것입니다. 우리는 생존을 위해 열심히 배우고 일하고 또 노력합니다. 생활에 필요한 만큼 얻었지만 더 큰 목표가 눈앞에 보이고, 또 성취 후에는 새로운 목표가 생깁니다. 사회적으로 높은 지위에 오르고도 싶습니다. 세상 사람들로부터 나의 존재를 인정받고 나의 가치를 인정받고도 싶습니다. 이런 의욕과 목표는 나를 성장 시키고 발전시키는 디딤돌이 됩니다.

　사람들은 행복한 삶을 원합니다. 누구나 행복할 권리가 있다고 말합니다. 그러면 행복의 기준은 무엇일까요? 다른 사람과의 비교일까요? 자기만족일까요? 어떻게 보면 행복도 자기만족이요 나의 마음속에 있는 것입니다. 그러나 이러한 행복의 시간도 순간에 불과합니다. 세상의 그 어떤 것으로도 나의 욕구를 온전히 채울 수가 없고 원하는 행복도 우리 뜻대로 이루어지는 것이 없는 것 또한 우리의 인생입니다.

 30년 전 나의 과거로 돌아가 보겠습니다. 20대 때 나는 삶에 대해 인생에 대해 고민했던 기억이 있습니다. 대통령도 죽고 돈 많은 부자도 죽고 태어나서 죽지 않았다는 사람은 없습니다. 높은 권력을 가져도 큰돈을 가져도 다 놓고 가는데 그러면 세상 삶에서 남는 것은 무엇일까? 깊은 고민을 하고 내린 결론은 '경험' 이라는 답을 내렸습니다.
 "이 세상의 삶을 통해 결국은 경험만이 남는 것이구나!" 그러면 이 짧은 인생에 가장 많은 경험을 할 수 있는 방법은 무엇일까? 고민 끝에 내린 결론은 영화배우나 연기자가 되는 것이었습니다. 다양한 역할을 통해 시대를 초월하고 다양한 연기를 통해 직, 간접적으로 많은 인생 경험을 할 수 있겠다는 생각을 했습니다. 그리고 다시 30여년이 지난 지금에 와서 생각해 보면 50%는 맞았다는 생각이 듭니다. 우리는 세상을 살아가면서 경험하고 배워야할 것이 너무도 많습니다. 평생을 배워도 다 배울 수가 없는 것이 인생입니다. 이러한 배움의 인생에서 가장 경계해야 하는 것이 교만입니다.

 사람은 두 개의 눈과 두 개의 귀, 그리고 하나의 입을 가지고 있습니다. 이것은 아는 것을 말하기보다 많이 보고 많이 듣고 배우라는 의미가 아닐까요? 사람들은 상대의 말을 들어주기보다 상대에게 조언이나 충고 같은 자기의 생각을 전하려고 합니다. 그러나 상대는 자기의 말을 들어 주기를 원합니다. 그러므로 상대에게 호감을 얻는 방법은 상대의 말을 들어주는 것입니다. 또 상대의 말을 잘 들어주는 사람은 겸손한 사람이 됩니다. 세상을 살아가다 보면 많은 경험과 시행착오를 겪게 됩니다. 때로는 물질적으로 금전적으로 피해를 보게 되는 경우도 생깁니다. 이때 하는 말로 "수업료 냈다"라는 표현합니다.

우리는 태어나서 죽음까지의 모든 과정을 배움의 과정이라 할 수 있습니다. 유치원에서 대학 과정까지 마칠 때마다 졸업이 있습니다. 인생의 마지막 과정인 죽음도 졸쭈이라고 표현합니다. 이것은 족보를 보면 돌아가신 조상들의 사망년도 끝에 졸쭈로 끝맺음하고 있습니다. 그러면 어떻게 살아야 할까요. 어떻게 살 것인가에 대한 답은 "나는 이 세상에 왜 태어났는가."하는 질문으로부터 찾아야 합니다.

우리는 지구 학교에 세상 공부하러 온 학생의 신분임을 알아야 합니다. 이 지구 학교 학생의 본분인 우리는 공부하는 자세로 교만을 버리고 겸손의 자세로 인성을 쌓아갑니다. 세상을 배운다는 마음으로 최선의 삶을 살아야 합니다. 아래 우리는 두 가지 방법을 통해서 세상과 사랑을 배운다고 할 수 있습니다.

첫째는 일(직업/노동)을 통해서 하는 공부입니다. 일은 생존을 위한 가장 중요한 수단이라 할 수 있습니다. 세상에는 수많은 일이 존재하는데 그 이유는 우리가 삶을 운영하는데 있어 지극히 필요하기 때문입니다. 그러므로 어떤 일이 더 중요하고 어떤 일은 덜 중요하다는 것은 크게 중요하지 않습니다. 저마다 주어진 일속에서 최선을 다하는 그 모습이 아름다운 것입니다. 일하면서 사람들과의 관계를 맺고 스트레스를 경험하고 스트레스 속에서 문제를 풀어가며 발전해가는 것이 희로애락의 경험이라 할 수 있습니다. 이것이 세상 공부인 것입니다.

둘째는 사랑에 대한 공부입니다. 이 세상에 존재하는 모든 것은 사랑의 바탕 위에서 존재한다고 할 수 있습니다. 우리가 살아가는 데 있어 사랑은 정말 중요한 것입니다.
 사랑에는 여러 가지 사랑이 있습니다. 세상의 수많은 사랑 중에서 가장 중요한 사랑은 주고받는 사랑이 아닌 조건 없이 주는 사랑입니다. 이 무조건적인 사랑은 아무에게나 행할 수 있는 것이 아닙니다. 오직 부모로서 자식에게만 행할 수 있는 사랑입니다. 이 사랑은 내가 부모로부터 받은 조건 없는 사랑을 내가 부모가 되어 자녀 양육을 통해 실천하고 체험을 통해 배울 수 있는 유일한 방법입니다.

 우리 영혼이 세상에 온 것은 우리 영혼이 발전하고 성숙해지기 위해 세상 공부하러 온 것입니다. 우리 영혼이 발전하고 성숙할 수 있는 유일한 방법은 육신이라는 도구를 이용한 공부입니다. 영혼에게 있어 죽음은 없습니다. 세상에서 죽음 자체로 끝이라면 많은 문제가 생기게 되고 불공평한 세상 불공정한 세상이 될 것입니다.
 죽음이 있다면 이러한 영혼의 성장과 성숙의 과정도 의미가 없어지게 됩니다. 우리는 죽음을 슬퍼합니다. 죽음은 오로지 육신의 죽음입니다. 육신의 죽음은 육신 속에 갇혀 있던 영혼의 분리를 의미합니다. 이 상황은 육신에게는 죽음이지만 영혼에게는 자유와 해방, 세상 공부를 마친 졸업생이 된 것입니다.

 우리는 천수天壽를 다한 육신에 대해 영혼에 대해 축하해야 하지 않을까요? 우리의 영혼은 지구 학교에서 세상 공부를 마치고 왔던 본래의 그곳으로 돌아가는 것입니다.

세상에서 가장 가치 있는 일

 우리가 사는 세상에는 많은 사람이 다양한 직업을 갖고 있고 다양한 일을 하면서 살아가고 있습니다. 우리의 삶에서 일이란 정말 중요한 가치를 지니고 있습니다. 일은 곧 삶의 문제, 즉 생존과 직결됩니다. 일을 통해 살아갈 수 있는 재화를 얻기 때문입니다.

 육체적인 노동이나 정신적인 노동을 통해 얻은 대가로 인간 생활의 기본 요소인 의, 식, 주를 충족시킵니다. 또 일을 통해 내가 살아 있다는 존재감을 확인하고 사회생활을 하고 세상과 소통합니다. 이 세상에는 정말 다양한, 우리가 알지도 못하는 수많은 일(직업/노동)이 존재하고 있습니다. 우리가 알지 못하는 그 많은 일(직업/노동)이 존재하는 이유는 그것들이 필요하기 때문입니다. 단지 그 가치가 크고 작은 차이가 있을 뿐, 그래서 직업에는 귀천이 없습니다.

 어떤 일을 하든지 각자 주어진 일에 최선을 다하는 그 모습이 아름답습니다. 이런 노력의 뒤에는 반드시 그 대가가 주어집니다. 그 대가는 재화를 구할 수 있는 돈과 보람과 기쁨이라는 것입니다. 그럼에도 불구하고 세상에는 우리가 간과할 수 없는 더 중요하고도 더욱 가치 있는 일이 존재합니다. 그러면 세상에서 가장 가치 있는 일은 어떤 일이 있을까요? 어떤 관점에서 어떻게 보는가에 따라 판단의 기준이 달라질 수 있습니다. 가치의 중요성을 이해하기 위하여 사람의 생명을 기준으로 보면 어떨까요?

 사람의 생명보다 더 가치 있는 것이 있을까요? 인간의 생명과 연관된 일을 하는 사람들이 가장 가치있는 일을 하는 사람들이라는 생각이 듭니다. 죽어가는 생명을 살리는 일에 종사하는 사람들, 인류의 건강을 위해 일하는 사람들 등 정말 우리가 헤아리기 어려울 정도로 많은 직업과 일이 있습니다. 죽어가는 생명을 구제하고 살아있는 생명의 건강을 지키기 위해 하는 노력도 가치 있는 일이지만 더 가치 있는 일은 세상에 없는 새로운 생명을 탄생시키는 일이 아닐까요?
 우리는 우리의 할머니들이 우리의 어머니들이 그 역할을 묵묵히 해온 일이기에 그 중요성과 가치에 대해 잊고 지낸 건 아닐까요? 생명 창조의 능력을 가진 세상의 어머니들은 정말 위대한 존재들입니다.

한 생명의 탄생은 세상에 많은 가치를 부여합니다. 결혼한 부부는 자녀의 출산과 함께 아버지로, 어머니로 다시 태어납니다. 또 부모라는 새로운 이름을 받고 어른이 될 준비를 합니다. 우리의 인생에서 어른이 된다는 것의 의미를 어떻게 이해할 수 있을까요? 인생에서 어른이 된다는 것은 지구학교에 인생공부 하러 온 우리들 학생에게 있어 필수 과목을 공부하는 과정이라 할 수 있습니다. 그 과목은 사랑이라는 과목 중에서도 부모로서 자녀를 양육하며 배우게 되는 가장 가치 있는 인생의 과정입니다.
　자녀를 양육한다는 것은 조건 없는 많은 사랑과 자기희생이 따릅니다. 우리 부모님들이 나를 양육했던 것처럼 내가 나의 자녀 양육을 통해 부모로부터 받은 사랑을 실천하면서 인내하는 과정과 희생으로 나도 어른이 되는 것입니다.

　식물은 씨앗이 썩는 과정을 통해 새로운 생명을 탄생시킵니다. 사람은 자녀를 키우면서 근심 걱정을 많이 겪게 되지요. 부모는 훈육과 인내의 시간을 통해 어른으로 성숙 되어 가는 것입니다.
　우리 삶에서 자녀의 양육은 나의 삶이 다하는 그 순간까지 세상과 연결해주는 연결고리가 되어 줍니다. 우리는 태어나서 생로병사라는 인생의 여정을 경험하게 됩니다. 이러한 인생의 여정에서 선대로부터 물려받은 삶의 여정을 자녀 출산을 통해 정성껏 사랑으로 보살피고 키우는 가운데 어느덧 인생의 해가 저물게 됩니다.

인생의 노년기가 되면 보살핌을 받아야 할 상황에 놓이게 됩니다. 내가 젊었을 때 자녀를 양육했기에 자녀는 노부모를 보살피게 됩니다. 이것이 우리 인생에서 서로 돌봄 품앗이와 같은 것입니다.

인생의 노년기에 결혼도 하지 않고 돌봐줄 가족도 없다면 인생의 노후가 얼마나 고독하고 쓸쓸하겠습니까? 젊을 때 자녀를 양육하지 않는 것은 인생에서 받기만 하고 베풀지 않는 결과로 남게 됩니다.

세상에서 가장 소중한 존재

 살아가는 데 소중한 것과 소중한 존재에 대해 생각해 본 적이 있나요? 필요한 것은 수없이 많지만 소중한 것도 꽤 많습니다. 공기와 물과 음식물은 생명을 유지하기 위해 꼭 필요한 소중한 것들입니다. 이러한 것들은 지구 학교를 졸업할 때까지 삶에서 꼭 필요한 소중한 것들입니다. 그러나 무엇보다 소중한 존재는 우리의 부모님들이라 할 수 있습니다.

 우리를 낳고 키워주신 소중한 존재들이지만 정작 부모님은 우리를 더 소중하게 여긴다는 세상 모든 부모님의 공통점이 있습니다. 세상에서 가장 나를 보호해주고 항상 내 편이 되어 주는 소중한 우리 부모님입니다. 이렇게 소중한 것과 소중한 존재는 가장 가까이에 있다는 특징이 있습니다. 한 가지 아이러니한 것은 이렇게 소중한 것과 소중한 존재가 가까이에 있음에도 평소에는 그 소중함을 잊고 산다는 것입니다. 마치 공기와 물의 소중함을 잊고 있듯이.

 부모님들은 나의 소중한 존재를 영원히 지켜주고자 하나 지켜줄 수 없고 영원히 함께하고자 하나 함께 할 수 없는 것이 자연의 순리요 이치입니다. 인생이 짧다고 하지만 부모님과의 인연이 끝난 후 내 인생의 50여 년 긴 세월을 혼자서 살아가기엔 너무도 힘겨운 삶입니다.
 세상에는 좋은 것, 아름다운 것, 좋은 사람, 아름다운 사람 등 정말 즐겁고 보람 있는 일들이 많이 있습니다. 이러한 세상을 누구와 더불어 어떻게 사는가에 따라 삶의 가치와 삶의 만족도 달라집니다. 우리 인생에서 무시할 수 없는 중요한 것 3가지가 있습니다.

 첫 번째는 건강을 들 수 있습니다. 내가 살아가는 데 있어 건강을 빼놓을 수가 없습니다. 건강하지 않은 몸으로 세상을 살아간다는 것은 너무도 어려움이 많습니다. 부모로부터 물려받은 소중한 육체를 건강하게 잘 지킨다는 것은 인생의 제일가는 요소라 할 수 있습니다.

 두 번째는 시간입니다. 각자 인생의 시간은 한정되어 있습니다. 특히나 젊었을 때 시간의 중요성을 잘 깨달아, 때를 놓치지 않고 소중한 시간을 잘 활용할 수 있도록 좋은 습관을 길들이는 노력을 해야 합니다. 시간은 금이라는 말을 새삼 실감합니다.

세 번째는 만남입니다. 인생에서 인연은 매우 중요합니다. 사람은 세상을 혼자서 살아갈 수 없습니다. 사람은 세상의 모든 동물 중에서 지능도 가장 뛰어나지만 서로 협력하고 조화를 이루는 사회성은 독보적이라 할 수 있습니다. 나에게 없어서는 안 될 소중한 존재였던 부모님과의 인연이 끝난 후 새로운 인연을 이어 나갑니다. 태어나서 처음으로 경험하게 되는 새로운 이성과의 만남입니다.

세상에서 첫 이성과의 만남을 어떻게 표현할 수 있을까요? 혼자 걸어가기엔 외롭고도 먼, 그래서 힘든 길을 서로에게 의지하며 황량한 사막을 여행하는 인생의 동반자와도 같은 존재, 인생에서 두 번째로 맞이하는 가장 소중한 존재입니다. 지구 학교의 학생으로서 반드시 배워야 할 사랑 공부를 위해 함께 공부하는 내 인생의 짝이자 반려자입니다.

부모에게서는 무조건 받기만 했던 사랑이었다면 부부는 서로 주고받고 나누는 존재, 인생을 함께 공유하는 존재, 어떤 것으로도 대체할 수 없는 존재 그래서 너무나 부부는 서로에게 소중한 존재입니다. 인생에서 어떤 고난이 와도 사랑으로, 불빛하나 없는 어두운 밤길과 같은 두려움도 사랑으로, 험난한 인생의 오르막길도 사랑으로, 오직 사랑으로 세상의 어떤 어려움도 함께 헤쳐 나갈 수 있는 것이 부부이며 서로에게 소중한 존재입니다.

세상에 태어나서 이렇게 소중한 인연을 만나지 못한다면

과연 행복한 인생이 될 수 있을까요? 이것은 돈이나 권력, 명예 등 그 어떤 것으로도 대신할 수 없는 가장 소중한 존재입니다.

우리는 인생에서 한 번쯤은 누군가의 소중한 존재가 되어야 하지 않을까요?
당신은 누구의 소중한 존재인가요?
당신의 소중한 존재는 누구인가요?

행복은 어디에서 오는가?

"행복이란? 행복의 전제 조건은 함께할 때이다" 사람은 교감하는 동물입니다. 마음의 상태나 기분의 상태를 표현하고 나눔을 통해 그런 상태를 만끽할 수 있습니다. 내면의 상태를 공감하는 상대가 있을 때 표현하고 공감을 통해 그 공감하는 에너지, 즉 행복 호르몬이 상승하는 것입니다.

 어떤 좋은 일도 즐거움도 기쁨도 혼자인 상태에서 표현하지 않고 시간을 보내면 어떻게 될까요? 행복은 행하지 않으면 아무 일도 일어나지 않습니다. 어떤 행위를 한 결과에 따라 복이 오는 것입니다. 행복은 멀리 보이는 신기루나 비 온 뒤 나타나는 화려한 무지개 같은 것도 아닙니다.

 행복은 나의 생활 속에서 찾아옵니다. 집과 직장 등 나와 관계된 생활공간 안에서 옵니다. 축하할 일, 즐거운 일, 기뻐할 일이 생길 때 혼자서는 부족한 기분의 상태를 친구나 가족과 함께 나누면 행복 호르몬 수치가 올라갑니다. 독신인 상태로 살아가는 사람이 있습니다. 그래서 독신의 외로움을 달래기 위해 반려동물을 선택하기도 합니다. 그만큼 외로움은 견디기 힘든 고통에 이르게 합니다. 20대, 30대까지는 외로움을 느끼지 못합니다. 아직 미혼인 나와 같은 입장인 친구들이 있으니까요. 40대, 50대가 되면 점점 사회와 멀어지는 현실에 직면하게 됩니다.

 사람은 지능이 뛰어나서 힘들다는 생각이 들면 눈앞에 보이는 쉬운 길을 선택합니다. 그래서 현실적인 수고의 책임을 회피하기 위해 비혼을 선택하기도 합니다. 결코 올바른 선택이 아닙니다. 이것은 스스로 고독의 무덤을 파는 것이요, 불행의 무덤을 파는 것입니다. 우리는 현재에 존재하지만 다가오는 미래를 향해 나아갑니다. 현명한 사람은 곧 다가오는 미래를 준비합니다. 현재는 다소의 수고가 따르더라도 10년, 20년 후의 미래를 내다볼 줄 아는 선견지명先見之明이 있습니다. 우리 삶 속에서 가장 큰 기쁨과 큰 행복을 찾을 수 있는 공간은 사랑하는 가족이 있는 가정입니다.

 가정에는 해맑은 아이들의 웃음이 있습니다. 웃음은 행복한 모습의 징표요, 상징입니다. 아이들이 많은 가정을 다복한 가족이라고 합니다. 아이들이 많은 웃음꽃을 피울 때 많은 복이 들어오게 됩니다. 결혼은 행복의 전제 조건입니다.

세상에 공짜는 없다

"세상에 공짜는 없다" 이 말은 세상 사람이라면 누구나 알고 있고 당연하게 받아들이는 표현이 아닌가 싶습니다. 우리의 삶 가운데서 이 표현을 떠올리게 되는 상황을 종종 경험하기도 합니다. 너무 쉽고 흔한 표현이기는 하지만 삶의 진리라 할 수 있습니다. 사람들은 늘 공감하면서도 막상 이런 상황에 놓이면 이 진리를 망각하고 공짜의 유혹에 빠지기도 합니다.

반드시 수고한 노력 뒤에는 대가가 따릅니다. 하지만 때로는 먼저 보상해주고 나중에 수고를 요구하는 경우도 있습니다. 이성 간의 순수한 사랑도 이런 경우 해당한다고 할 수 있습니다. 순결한 이성이 서로 만나 결혼하고 가정을 이룹니다. 결혼한 부부는 성욕을 느끼고 성교를 통해 성적인 쾌락을 느끼고, 성욕을 해소 할 수 있는 것은 선 보상이라고 할 수 있습니다. 이렇게 먼저 선 보상을 통해 태아를 잉태하게 됩니다. 성욕도 없고 성적인 쾌락을 느끼지 못한다면 자연스러운 성교가 이루어질 수 있을까요?

 이 세상에 존재하는 모든 생명체에게 주어진 운명적인 임무 중의 하나가 종족 번식이라는 의무입니다. 우리는 이 세상에 올 때부터 운명적인 종족 번식에 대해 선택권이 주어지지 않았습니다. 우리는 이것을 본능이라고 합니다. 본능은 곧 자연의 순리, 하늘의 순리라고 할 수 있습니다.

 명심보감, 천명 편에 이런 내용이 있습니다. "공자 왈, 순천자順天者는 존存하고 역천자逆天子는 망亡하니라." 공자 가로되 하늘에 순종하는 사람은 살고, 하늘에 역행하는 사람은 망한다는 뜻이다. 순천이 결혼해서 자녀를 양육하는 과정, 즉 종족 번식의 본능에 따른다는 것이라면 역천은 결혼도 하지 않고 자녀 양육도 하지 않는 것을 의미한다고 할 수 있습니다. 사람은 세상의 다른 어떤 생명체와는 비교할 수 없는 높은 지능을 가지고 있습니다.

 우리는 성스러운 존재가 될 수 있는 몸을 가지고 태어났습니다. 우리 성인들이었던 석가, 공자, 예수 등 또 다른 성인들도 성인이기 이전에 사람이었습니다. 성스러운 존재인 사람의 성교는 성스러운 행위입니다. 그러므로 성스러운 존재인 사람의 성교행위는 노출 시켜서도 안 되며 보아서도 안 됩니다. 법적으로 합당한 부부 사이가 아닌 남녀 간의 성교행위는 지양되어야 합니다. 불륜은 인류사회에 불신을 잉태합니다. 순수한 사랑이 아닌 이성 간의 육체적인 성행위, 즉 육체적인 욕구를 충족하기 위한 성행위에 대해 심사숙고해야 할 것입니다.

성행위를 상품화하거나 상업화 한다는 것은 모든 인류에 대한 모독 행위입니다. 부부 사이의 건전한 성생활은 종족 번식과 더불어 부부의 화합을 통해 가정의 화목과 밝고 건강한 가정을 이루기 위해 부여받은 선물입니다.

2장... 교제를 위한 준비와 노력

- 이성교제를 위한 준비사항
- 이성교제 시 유의사항

이성교제를 위한 준비사항

 이성 교제를 위한 준비에 대해 생각하는 시간을 가져봅니다. 삶에서 내가 원하는 일이나 목적을 이루기 위해서는 반드시 준비가 필요합니다. 어떤 일이든지 준비가 된 것과 준비가 되지 않은 것의 차이는 결과에서 나타납니다. 내가 원하는 목적을 달성하기까지의 시간이나 기간 그리고 결과물에서도 차이가 날 수 있습니다.

 성인이 되면 나와 다른 이성을 만나 이성 교제를 하게 됩니다. 보통은 성인이 되어 다른 이성에 대한 관심과 호감 가는 이성과의 만남을 통해 교제가 이루어집니다. 이런 이성 교제에 있어서도 내가 원하는 이성에게 호감을 얻기 위해서도 준비와 노력이 필요합니다. 호감 가는 이성의 마음을 얻기 위해 외모를 꾸미고 상대의 관심을 끌기 위해 노력합니다.

내가 원하는 이상형을 만나기 위해서도 연인을 만나기 위해서도 결혼 상대를 만나기 위해서도 그 뜻을 이루기 위한 나의 준비가 필요한 것입니다. 그러면 이성 교제를 위해서는 어떤 준비가 필요한지 알아보겠습니다.

1. 나의 가치관 알기

"지피지기면 백전불태다 知彼知己,百戰不殆" 전쟁에서 적을 알고 나를 알고 싸우면 백번을 싸워도 위태롭지 않다고 했습니다. 우리 인생에서 간과할 수 없는 일류지대사라는 결혼을 생각할 때도 결코, 가볍게 여길 수 없는 것이라고 할 수 있습니다. 세상에서 자신에 대해 가장 잘 아는 사람은 자기 자신이어야 합니다. 그런데 그렇지 못한 사람들이 많았습니다.

초등학생, 중학생, 고등학생, 대학생, 심지어 30대 성인에게도 질문을 해보았습니다.

꿈이나 인생의 목표, 어떤 사람이 되고 싶은가? 무엇을 좋아하는가? 무엇을 잘 하는가? 하고 싶은 것이 무엇인가? 심지어 어떤 색깔을 좋아하는지 어떤 숫자를 좋아하는가에 대해서도 대답을 잘 못하는 사람들이 대부분이었습니다.

나는 무엇을 좋아하고 싫어하는 것은 무엇인지, 나의 장점과 단점에 대해 알고 있어야 합니다. 나 자신에 대한 정체성, 주체성이 있어야 합니다. 이를 위해서는 현실교육으로부터 벗어나 자기 주도적이며 독립적인 인생관을 창의적으로 개척해보는 것도 하나의 방향이 될 수 있겠습니다.

우리는 특히 부모로서 자녀를 사회나 국가가 정한 교육환경에서 크게 벗어나지 않으면서 시스템에 따라 훈련되길 바랍니다. 결국 위에서 말한 정체성이나 꿈이 상실되는 현상은 주도적 삶과 멀어지는 결과를 초래하게 됩니다.
 큰 틀에서 교육제도를 개선하고 수정돼야 마땅하지만 얼마든지 자녀의 생각이나 추구하는 이상을 존중한다면 그의 미래는 훨씬 긍정적이고 밝다고 여겨집니다. 이성교제에 있어서도 내가 원하는 이성을 선택하는 데 도움이 되면서 결혼도 결정자가 나 자신 본인이어야 하는 것은 당연한 이치가 되는 것입니다. 그래야만 내가 원하는 삶을 살 수 있습니다.
 인생에서 삶의 질을 높일 수 있는 한 방법으로 가치관에 대해 알아봅니다. 가치관에 대한 이해를 돕기 위해 먼저 가치에 대해 알아봅니다.

 가치란 우리가 살아가면서 관계를 맺고 사물을 접하면서 신념이나 인간이 지니게 되는 중요성을 가질 때 그것은 소중하게 되면서 가치가 되고 자신의 가치관으로도 형성됩니다. 세상에는 다양한 가치가 존재하며 사람마다 추구하는 가치가 서로 다르기도 합니다.
 다양한 가치 중에서도 어떤 가치를 추구하며 사는가에 따라 우리 삶의 의미와 방향이 달라집니다. 가치는 물질적 가치와 정신적 가치로 구분해 볼 수 있습니다. 물질적 가치는 그 대상이 특정한 사물에 한정되는 유형의 가치라고 본다면 정신적 가치는 인간의 정신 활동을 통해 얻을 수 있는 무형의 가치라고 할 수 있습니다. 그러면 가치관은 어떻게 이해할 수 있을까요?

 가치관이란 중요한 가치를 갖는 개인의 정의이며 관념입니다. 우리가 인생을 배우는 데 있어서 수많은 스승과 선배로부터 받은 지식이나 지혜도 물론 중요하지만 가치관이란 내가 이를 통해 느끼고 깨닫는 나만의 다른 삶의 목적과 신념이라 할 수 있습니다.

 '과연 내 삶의 중요한 가치란 무엇일까?'를 두고 생각해 보기로 합니다. 즉, 관계를 잘해 나간다고 볼 때 우선 나 자신의 가치관을 먼저 점검해 볼 필요가 있습니다. 이것이 상대를 예의 깊게 대하려는 태도와 자세이며 관계를 잘 해석하고 풀어가는 나의 주관이면서 객관적 진실에 다가가는 일입니다. 그랬을 때 상대도 자신의 관념과 가치를 자연스럽게 표출하게 되고 서로는 거짓과 가식을 버리고 진지한 관계가 성립된다고 볼 수 있습니다.

 삶의 기본적인 행동이나 습관은 누군가를 모방하거나 따라 하는 것은 지양해야 합니다. 예를 들면 부정적이면서 불평이 많은 말을 자주 하는 사람들의 언어습관이라든지 요즘 매체를 통해 접할 수 있는 비속어를 사용하면서 유행을 따라 시류에 편승하는 것은 그다지 바람직한 가치관이 될 수 없습니다. 그렇다고 세상과 현실을 외면하라는 것은 아닙니다.

 함께 어울리고 교류하는 것은 가치관을 형성하는 데 반드시 중요한 삶의 방향이 될 수 있기 때문입니다. 하지만 옳고 그름의 판단을 하는 것이 여기서 빠트릴 수 없는 인생의 과제입니다.

가치관은 자신에 대한 성찰은 물론 상대의 태도나 의식을 살피면서 나의 가치와 대상의 가치는 결국 하나의 좋은 가치관으로 다시 형성된다고 볼 수 있습니다. 이렇게 우리가 살아가면서 모든 생각과 행동이 드러날 때 자신의 성품으로 인정받게 되며 좋은 사회적 영향을 끼치게 됩니다. 그러므로 가치관은 결국 삶의 통찰이며 관계를 위한 소통이고 충분한 배려라고 할 수 있습니다. 이를 실천해가는 일은 일상에서 더불어 살아가면서 책임과 소신을 다하면 될 것입니다.

　다양한 가치와 가치관이 있겠지만 세상의 순리와 자연의 이치를 거스르지 않으며 타협하고 내 의견과 지혜를 접목해 가는 것도 아름다운 삶의 가치관이라고 생각됩니다. 그것은 부모를 공경하고 배움을 게을리하지 않고 자연 속에 살며 사랑하는 것입니다. 가족은 매우 중요한 공동체입니다. 이 공동체야말로 우리 삶의 양식과 가치관에서 비롯된다고 볼 수 있습니다. 가족은 돌이켜 보면 이 글을 쓰게 된 결혼과 같은 맥락에서 이해하고 풀어갈 주제이기도 합니다. 가족을 존중하고 사랑할 때 우리는 비로소 진정한 가치관을 갖게 되고 곧 결혼은 인생의 행복과 기쁨을 주는 것입니다.

2. 경제적인 준비

　세상에는 다양한 생각을 가진 사람들, 다양한 조건과 여건을 갖춘 사람들이 함께 어울려 살아가고 있습니다. 사람과 사람이 만나고 교류하면서 인간관계가 형성되는데 사람들은 나와 남과의 비교를 통해 기분이 좋아지기도 하고 기가 꺾이고 우울해 지고도 합니다. 누구나 한번쯤은 경험해 보았겠지만 이런 경우는 어떤 외부의 자극이 아닙니다. 오로지 스스로의 생각과 판단을 어떻게 하느냐의 문제입니다. 나보다 상대적으로 조건이나 여건이 나쁜 사람과 비교한다면 위안을 얻고 용기가 생길 것입니다. 반대로 나보다 상대적으로 조건이 좋은 사람과 비교한다면 기운이 빠지겠지요?

이 상황은 부정적인 생각으로 스스로 힘을 빼게 되는 상황을 만들게 됩니다. 따라서 스스로에게 도움이 되는 현명한 방법은 다른 생각을 버리고 오직 나의 현 상황만을 직시하고 앞만 바라보고 최선을 다하는 것입니다.

20대 후반이든 30대가 아닌 결혼을 앞 둔 모든 대상이라 할지라도 현재 저축해 놓은 돈이 없다고 좌절하지 말라는 조언을 드립니다. 중요한 것은 살아온 삶보다 살아갈 인생에 있어 얼마든지 기회가 있고 또 만들 수가 있기 때문입니다. 돈을 만들 수 있는 시간, 기회나 방법은 내가 지닌 꿈과 어떤 계획을 설계하느냐에 따라 얼마든지 삶의 방향은 바뀐다고 볼 수 있겠습니다.

중요한 것은 내가 판단하고 어떻게 실천하느냐의 문제입니다. 현재 나의 모습은 과거 행위에 대한 결과물입니다. 미래의 발전된 모습, 성공한 나를 꿈꾸길 원한다면 지나간 일에 연연하지 말고 현재 주어진 상황과 여건에서 지혜로운 판단과 행동을 해야 합니다. 현재는 미래의 거울입니다. 결국 내가 어떻게 행동하는가에 따라 나의 미래가 결정됩니다.

경제활동을 통해 꾸준히 들어오는 수입이 있다면 설령 결혼을 위한 저축이나 모아둔 자산이 없다고 해도 적극적으로 교제를 시작하라고 말씀드립니다. 물론 우리가 관계의 삶을 지향하다 보면 경제적인 부분을 간과할 수 없지만 이것이 교제나 관계에 굳이 중요하다고는 볼 수 없습니다.

누군가와의 만남이나 누구와 사귀게 되면 그 중점을 조건이나 외향적인 것이 아닌 상대의 진심 어린 소양과 가치관에 두어야 합니다. 그랬을 때 두 사람 사이에서 올바른 소통과 대화 속에서 합리적 소비는 물론 미래에 대한 설계도 바람직해질 것입니다. 여기서 교제를 통해 자신감도 생기고 용기와 외부적인 자극보다 스스로 결정을 통해 결혼에 대한 목표와 동기부여가 생길 것입니다.

결혼을 하는 데 있어 꼭 많은 돈이 들어가는 것은 아닙니다. 정말 여건이 되지 않는다면 결혼식보다 혼인신고부터 하고 신혼생활을 먼저 시작하는 방법도 있습니다. 결혼식은 일종의 의식이지만 형식에 지나지 않습니다. 나의 지향하는 삶을 우선 살펴보고 지금의 형편을 고려하는 것이 맞습니다. 나의 여건을 다른 사람들과 비교해서 부담감을 가질 필요는 없다고 생각합니다. 중요한 것은 뜻이 맞는 두 사람의 사랑과 인생이 중요합니다.

결혼은 완성이 아니라 완성을 향해 나아가는 시작이며 출발점입니다. 시작은 초라했지만 두 사람이 아끼고 저축하는 삶을 산다면 어느샌가 힘들었던 과거는 인생의 큰 추억과 함께 소중한 자산이 되어 있을 것입니다. 결혼은 어른으로 성장하기 위한 시작의 출발점입니다.

3. 조언자 준비

 결혼은 너무나도 중요한 인생의 대사大事로써 가족 구성의 시작과 더불어 행복의 문을 여는 것과 같다고도 할 수 있습니다. 먼저 만나게 되는 교제 상대가 전혀 모르는 사람이 될 수도 있고 평소에 알고 있던 사람이 될 수도 있습니다. 설령, 평소 알고 있던 사람이라 할지라도 결혼을 전제로 한다면 이는 살아가는 데 큰 영향을 미칠 뿐만 아니라 인생의 전환점이 될 수 있기 때문에 신중히 생각해야 합니다.

 호감이 가는 상대의 이성을 생각하는 순간부터 조언을 구하는 것이 현명한 준비와 대처 방법이라 할 수 있습니다. 언뜻 조언이란 표현이 충고라든지 설득으로 오해를 살 수 있겠으나 여기서 조언은 만남을 위해 신중한 준비단계라고 할 수 있습니다. 사람의 일이란 것이 전혀 예상치 못한 방향, 또는 전혀 예상치 못한 상황이 일어날 수 있는 것이 사람의 일이니까요.

 조언을 건넬 수 있는 사람으로 대화가 잘 통하고 소통이 잘 되는 가족이라면 가장 이상적이라 할 수 있습니다. 가족은 누구보다 나를 사랑하고 내가 잘되기를 바란다는 것과 나에 대해 가장 잘 아는 사람들이라고 할 수 있기 때문입니다. 다음으로 생각해 볼 수 있는 대상은 평소 가깝게 지내 온 직장 동료나 지인, 친구를 고려해 볼 수 있습니다. 상황에 따라서 가족보다는 부담을 덜 수 있고 편안하게 의논하고 도움받을 수 있기 때문입니다. 때로는 우리가 가족 아닌 친구나 동료 또는 가까운 사이를 두고 나의 고민이나 고충을 털어놓고 조언을 구하기도 합니다. 이렇게 조언자를 두는 것은 바둑이나 장기를 두는 데 있어 가장 필요한 부분이기도 하듯 직접 게임에 임하는 당사자가 보지 못하는 부분에 대해 훈수 두는 사람을 통해 도움을 받기 위함입니다.

 훈수자는 당사자들이 못 보고 놓친 사항들을 정확하게 짚어 내는 데 객관적인 장점을 갖고 있기도 합니다. 속담에 등잔 밑이 어둡다는 말도 있습니다. 혼자 관찰하고 판단하는 것보다 함께 의논하고 조언을 해줄 사람이 있다면 현명한 판단에 도움이 될 것입니다. 그리고 이성과의 교제 중에 생길 수 있는 일이나 혹시 모를 예상 못한 위험한 상황에 대한 대처가 될 수 있습니다.

이성교제 시 유의사항

성인이 되어 이성 교제를 한다는 것은 육체와 정신이 건강하다는 것을 의미합니다. 건강한 성인으로서 독립할 준비가 되었기에 더불어 이성의 짝을 만나 새로운 가정을 만들 준비가 되었음을 의미합니다. 이성 교제는 결혼으로 이어지는 첫 과정이라 할 수 있습니다.

태어나서 20여 년의 세월을 세상 살아가는 방법에 대해 배움의 과정을 거쳤습니다. 하지만 그 과정에서 부모님이나 보살펴주신 보호자의 그늘에 있었다는 사실을 잊어서는 안 됩니다. 이 시기는 인생에서 가장 혈기왕성한 청년기이므로 세상 속에서 독립하기 위한 의욕과 자신감으로 넘칩니다. 그러나 넘치는 의욕만큼 아직은 시행착오의 많은 걸림돌이 될 인생의 함정들도 있음을 알아야 합니다. 이러한 걸림돌이 될 함정들을 경험이 부족한 청년기에 넘어가기에는 어려움이 따르게 됩니다. 전쟁 속의 지뢰처럼 놓여있는 함정들을 피해 가고 극복하기 위한 유의 사항에 대해 알아봅니다.

이성 교제 시 나의 순수한 마음처럼 상대 또한 나와 같은 순수한 마음일 거라는 기대가 착각이 될 수 있음에 주의해야 합니다. 20대의 청년기는 인생에서 가장 중요한 황금과 같은 시간입니다. 이제는 정기적인 교육을 마치고 스스로 의존하는 삶에서 부모와 학교로부터 자립하여 사회인으로 인정받거나 존중받아야 할 시기이기도 합니다.

중요한 시간만큼 그렇게 길지가 않기에 이 청년기는 인생기에 있어 매우 가치가 크다고 할 수 있습니다. 대학 생활과 군 복무, 취업으로 20대의 시간이 순식간에 지나가게 됩니다. 인생의 황금기라 할 수 있는 이 시기에 이성 교제, 결혼이 맞물렸다 해도 넘치지 않을 만큼 이성에 대한 나의 주관과 판단력이 정립되기도 하며 결정에 대한 의지도 뚜렷해집니다.

인생의 황금기에 경험하게 될 이성 교제에 있어 효율적인 교제를 위해 신중하게 새겨야 할 유의 사항에 대해 알려 드립니다.

1. 평생을 함께 할 짝인가?

인생의 황금기라 할 수 있는 20대에 어떤 생각으로 미래를 준비하느냐? 는 중요합니다. 이제 인생의 초반에서 바라보는 50년, 60년의 세월은 너무도 길게만 느껴질 수 있습니다. 그래서 20대의 황금 같은 시간을 가볍게 여기고 안이하게 허비하게 되는 것입니다. 이러한 삶의 결과는 남아있는 50년, 60년의 인생이 고난의 삶으로 이어진다는 것은 인생의 경험자로서의 조언입니다.

 살면서 인정받는 자신의 가치는 20대와 30대는 많은 차이가 있습니다. 20대의 결혼은 잘못 허비하게 될 시간을 찾아줍니다. 결혼하지 않은 이십 대의 삶은 사회생활을 시작하며 여행이나 친구를 만나 자유로운 삶에 젖음으로써 경제개념은 사실 많은 소비로 치우칠 수밖에 없습니다. 결혼한 사람이 같은 20대라 했을 때 경제활동으로 축적되는 삶의 방식은 엄연히 다른 그래프로 나타나게 될 것입니다. 그것은 저축과 안정된 미래 설계라 할 수 있습니다.

 호감 가는 이성을 만나 교제가 시작되었다면 먼저 이 사람은 '나와 함께 운명을 만들어갈 사람인가?'를 생각해야 합니다. 만약 그런 상대가 아니라는 판단이 든다면 갈등하거나 연민에 빠지는 등의 우유부단한 감정에 사로잡히지 말고 헤어지는 선택을 빨리해야 합니다. 그 이유로는 아래 제시하는 내용들을 참고해 보기 바랍니다.

 첫째, 시간 낭비와 비용지출입니다. 남성이든 여성이든 나와 맞지 않은 상대라는 생각이 드는 사람과의 관계로 시간과 돈을 낭비할 필요가 없다는 것입니다. 결혼 상대로 적합하지 않다고 여겼을 때는 이성과의 교제를 멈추고 새로운 이성을 찾는 편이 낫지 않을까요?

둘째, 스토킹이나 교제 폭력에 주의해야 합니다. 결혼 상대가 아니라는 생각이 들었지만 상대가 식사제안, 영화관람, 술자리 등을 제안하거나 만남을 요청하더라도 정중하게 사양하고 응하지 않는 편이 현명하게 대처하는 방법입니다.

상대의 요청에 별 의심 없이 만남을 수개월 또는 그 이상으로 길게 이어가다보면 정이 들게 됩니다. 이미 정이든 상태에서 차후 상대에게 이별통보나 상대로부터 오는 전화를 거절했을 경우 보복의 위험을 생각해야 합니다.

헤어질 준비가 되지 않은 상대로부터 집착을 받게 되고 놓아주기 싫은 상태가 되었을 때 그동안 지출한 돈에 대해 아깝다는 등의 이유로 교제 폭력이나 스토킹에 휘말릴 상황을 미리 예방하는 것도 생각해야 합니다.

2. 경제적인 면에 대해 먼저 계산하지 말자

지금 우리는 과학 물질문명 문화시대에 살고 있습니다. 의, 식, 주 문화를 보더라도 사람이 생활에 필요한 정도를 넘어선 물질문화의 풍요로 인해 소비가 넘쳐나는 것을 실감하지 않을 수 없는 것이 지금의 현실이기도 합니다. 이렇게 넘쳐나는 물질문명의 홍수 속에서 사람들은 돈의 유혹과 그 쇠사

슬의 포로가 된 것 같은 삶을 살아갑니다. 그런가하면 사람의 가치기준을 돈으로 계산하는 시대에 살고 있습니다. 이것이 넘쳐나는 물질문명의 또 다른 폐해라 할 수 있습니다.

 사람들은 돈과 물질의 포로가 되어 이성을 잃고 제대로 된 사람의 가치판단에 혼란스러워 합니다. 과정은 생각하지 못하고 눈에 보이는 결과만 생각하는 어리석음을 범하기도 합니다. 이런 넘쳐나는 물질의 혼탁함 속에서도 올바른 이성적 판단으로 나의 현실을 자각하는 현명함이 필요합니다.

 이성교제에 있어서도 돈을 먼저 생각하면 돈의 유혹에 빠질 우려가 있습니다. 상대의 가치판단에 돈을 개입시킬 때 정확한 상대에 대한 판단이 흐려지게 됩니다. 결혼은 사람과 사람 즉 선남선녀의 교감을 통해 사랑을 키우고 키운 사랑의 결실이라고 할 수 있습니다. 상대에 대한 가치는 물질적 가치보다 우선 도덕적 가치를 보아야 합니다.

 이성의 상대가 은근히 돈 자랑을 하거나 고급승용차, 건물, 집 등 재산으로 유혹하고 심지어 직업마저 속이는 피해사례를 종종 뉴스에서 접하게 됩니다. 모든 유혹 뒤에는 반드시 함정이 있습니다. 돈의 유혹 뒤에도 함정이 있음을 알아야합니다. 돈의 유혹이나 함정에 빠지면 인생에서 돌이킬 수 없는 후회로 남을 수 있습니다. 특히 물어보지도 않았는데 경제 능력을 자랑하는 낌새가 느껴지면 의심해 보아야 합니다. 정말 경제 능력이 있는 사람은 오히려 드러내지 않는 것이 정상적인 본심이라 할 수 있습니다.

3. 비교를 통해 현명한 판단을 하자

세상을 살아가면서 좋다, 나쁘다를 판단할 수 있는 방법 중 하나는 비교를 해보는 것이라고 볼 수 있습니다. 사람을 상대함에 있어서 다 그런 건 아니지만 좋은 사람과 그렇지 않은 사람의 차이는 사람과 사람의 비교라고 할 수 있습니다. 이성 교제 역시 단 한 사람을 두고 판단하기에는 단 한 번의 경험만으로 미흡하다고 할 수 있습니다.

첫눈에 반한다는 감정은 충동적 감성에 잠시 이미지에 대한 착각일 수도 있습니다. 어느 관계론자의 말을 빌지 않더라도 충분히 우리가 짚고 인지해야 할 대목입니다. 첫눈에 그 사람 인생의 습관이나 버릇 사상 등, 절반의 절반도 우리는 절대 감지해 낼 수가 없답니다. 설령 첫 감정에 이성이 사로잡혔다 해도 섣불리 결정해선 안 된다는 것입니다.

결혼을 전제로 하기보다 다른 상대를 통하여 충분한 교제와 교류를 나눈 다음 신중한 선택을 해보는 것도 하나의 지혜와 방법이 될 수 있습니다. 다른 이성과의 비교를 통해 현재 교제 중인 상대에 대한 믿음과 사랑이 더 커질 수도 있는 것입니다.

교제 중에 이성의 상대로부터 상처받고 이성에 대한 마음의 문이 닫힌 사람도 있습니다. 이런 사람들도 용기를 내 새로운 이성을 만나볼 필요가 있습니다. 성장 과정에서 아버지나 어머니로부터 받은 어린 시절의 상처로 인해 "세상의 모든 남자", "세상의 모든 여자"에 대한 불신을 가진 사람도 있습니다. 이런 이들에게는 용기를 내어 전문의 상담을 통해 마음의 상처를 치유하시기를 권유합니다. 그런 후 이성의 상대와 만남을 통해 과거의 상처를 잊고 진정한 사랑을 만끽하기를 바랍니다. 첫눈에 서로의 마음이 통해 인연이 된 천생연분도 있습니다만 그렇게 흔한 경우는 아닙니다.

 인생의 운명을 함께 만들어갈 인연을 만난다는 건 쉬운 일이 아닙니다. 행복한 인생을 열어갈 운명의 짝을 만난다는 마음으로 몇 차례의 만남과 비교를 통해 최선의 선택이 되기를 바랍니다.

4. 첫인상과 첫 느낌을 잘 기억하자

 우리는 일상에서나 사회생활 속에서 사람을 만나게 됩니다. 이미 알고 있는 지인이나 인간관계가 형성되어 있는 사람이 아닌 초면인 사람을 만나게 되었을 때 첫인상이나 첫 느낌을 받게 됩니다. 특히 이성을 소개 받게 되는 상황이나 우연히 또는 어떤 계기로 이성을 만나게 되었을 경우, 그때 당시 느껴지는 첫인상이나 첫 느낌이 있습니다. 이때 받은 이미지는 그 사람에 대한 정보가 전혀 없는 순수한 백지 상태에서 받는 것이기에 아주 특별하게 인식해야 합니다.
 이때 느껴지는 정보는 지나고 보면 맞는 경우가 많이 있습니다. 그런데 대수롭지 않게 그냥 흘러버리는 실수를 범하게 됩니다. 여기에는 나의 주관적인 생각이 전혀 첨가 되지 않은 정확한 정보가 될 수 있습니다. 다시 말해서 상대와의 대화나 의사소통으로 인간관계가 형성되게 되면서 첫인상과 첫 느낌은 잊히거나 새로운 정보에 의해 덧씌워지게 됩니다.

> **첫인상:** 처음 만난 사람에게서 그 사람의 얼굴이나 언어사용, 복장상태 등 외형적인 모습을 통해 이미지로 표현되어지는 상을 통해 느껴지는 나의 감정의 상태를 말합니다. 이 때의 감정의 상태를 단어나 동사 등으로 표현이 가능합니다.
> **첫 느낌:** 처음 만난 사람에게서 파동을 통해 상대의 감정상태나 내면의 심리상태를 가슴으로 전해지는 이미지 상태라고 할 수 있습니다.

5. 육체적인 사랑에 대하여

 서로 호감 가는 이성을 만나 교제의 시간을 통해 호감은 사랑으로 발전하게 됩니다. 이성 교제 시 경험하게 되는 설렘과 사랑의 달콤함을 세상의 무엇과 비교할 수 있을까요? 20대 청춘기는 인생에서 정신적으로나 육체적으로 가장 혈기왕성한 최전성기라 할 수 있습니다. 남성은 사랑하는 여성과의 육체적인 사랑에 대한 기대와 갈망으로 성욕이 증가하게 됩니다. 이것은 자연스러운 성적인 호르몬 작용에 의한 것입니다. 세상의 모든 생명체가 지니고 있는 가장 으뜸가는 본능은 번식에 대한 본능입니다.

남성은 번식을 가능하게 하는 씨앗이라 할 수 있는 정자를 지니고 있습니다. 그래서 여성보다 남성이 성적인 욕구가 더 강하다고 할 수 있습니다. 본능인 성적 욕망을 일으켜 육체적인 결합을 통해 자손을 번식하도록 유도하기 위한 성적인 충동을 일으키게 됩니다. 그러나 사람은 이성적으로 판단하는 동물입니다. 내 마음속에서 성적인 욕구가 생기더라도 이성적인 판단을 통해 스스로 통제할 수 있어야 합니다.
 인간은 사회적 동물이므로 서로 교감하고 이해하면서 질서를 지켜 나갑니다. 문화와 교육은 상당히 중요한 인격과 지적 능력을 갖도록 합니다.

 이성 간의 교제에 필요한 지향이 될 수 있고 스스로 통제할 수 있도록 도덕성을 갖추게 되는 것입니다. 이러한 모습이 신사다운 자세라 할 수 있습니다. 신사다운 모습은 여성으로부터 더욱 신뢰와 호감을 얻게 됩니다. 남녀의 사랑에서 최종적인 목적은 결혼을 통해 자식을 낳는 것이고 그것을 위한 전제는 육체적인 사랑입니다. 무엇보다 성적인 본능은 신이 준 가장 큰 선물이기도 합니다.
 성은 몸으로 하는 아름다운 언어이며 사랑의 표현일 수 있습니다. 육체적인 사랑에는 책임이 따라야 하지만 육체적 사랑에는 충동과 쾌락을 동반하고 있어서 시간이 지날수록 자칫 상대에 대한 흥미와 신비감이 떨어질 우려가 있습니다. 또 다른 대상이 훨씬 매력적이라는 호기심도 들게 됩니다.
 합법적인 결혼 전에 여성의 입장에서 또는 남성의 입장에서 정말 나의 남자와 여자라고 생각한다면 육체적인 사랑이나 성교를 결혼하는 순간까지 서로를 지켜주는 것이 연인으로서 또는 이성에 대한 배려와 존중이라고 여겨집니다. 그렇게 했을 때 그 사람과 건강하고 아름다운 결혼이 성립된다고 보아 집니다.

상대방은 당신과의 인연이 아니라면 당신 곁을 떠날 것입니다. 남자는 생리적인 욕구가 여자보다 강해 깊이 상대를 배려한다는 인식에서 벗어나 있기도 합니다. 남자와 달리 여자는 성교가 끝난 순간부터 사랑이 증가한다고 독일의 철학자 쇼펜하우어는 조언합니다. 이를 볼 때 남자에겐 동물적인 성적 본능이 잠재해 있으므로 여성은 성의 소중함을 알고 나 스스로 나를 보호해야 합니다. 순결을 지킬 때 신비감도 유지됩니다. 상대방에 대한 신비감이 떨어지면 사랑도 식기 시작합니다.

6. 합리적인 교제 기간

교제 기간은 결혼에 목적을 두고 나의 결혼 상대로 적합 여부를 관찰하는데 소요되는 기간을 말합니다. 최대한의 시간과 비용을 절감하면서 내면적인 교감과 진심 어린 관심과 교제를 통해 결혼 상대를 관찰하는 데 있어 올바른 선택이 필요합니다. 호감을 느낀 이성이 서로에게 관심으로 관계를 증진 시키거나 더 상대를 알아보기 위해 교제를 시작하게 됩니다. 이제 이성과의 교제가 시작되었다면 상대를 냉정하게 잘 관찰해보아야 합니다. 상대에 대한 관찰은 뒤쪽에 나오는 결혼 상대 관찰법을 잘 활용하기를 바랍니다.

'교제 중에 단점이 발견되었다면 포용할 수 있는가?'를 잘 판단해야 합니다. 여기서 포용은 말 그대로 이해하며 받아 줄 수 있는지 또는 결혼 생활 하면서 고쳐 줄 수 있는 단점인지 생각해 보아야 합니다. 조언자가 있다면 함께 연구하는데 도움이 될 것입니다.

옛 속담에 "신선놀음에 도끼자루 썩는 줄 모른다"는 이야기가 있습니다. 옛날 한 나무꾼이 나무하러 산에 갔다가 신선들이 두는 바둑 구경 재미에 빠져 나무는 하지 못하고 세월만 흘려보낸 이야기로써 교훈으로 새겨야 할 설화입니다. 이와 비슷한 경우로 자칫 연애의 달콤함에 빠져 수년씩 연애 생활을 지속하다가 결혼 타이밍을 놓치는 경우를 보게 되는데 정말 안타까운 일이 아닐 수 없습니다. 아직 세상 경험이 부족해서 입니다.

필자도 역시 20대 때는 정말 세월이 길게만 느껴졌을 때가 있었습니다. 그 후로 30여 년의 세월이 순식간에 지나왔다는 느낌입니다. 독자들께서도 현재 시점에서 지나온 10년을 돌이켜 보기를 권유합니다. 10년의 세월은 흘렀지만 다가올 십년 보다 지나간 십여 년은 무척 빠르게 흘러갔을 것입니다. 그만큼 우리가 쌓은 추억이라든지 시간의 기억은 많이 저장되어 있지 않기 때문이기도 합니다. 연애하면서 쌓는 사랑은 짧을수록 진지하고 둘만의 아름다운 추억으로 깊이 간직될 것입니다. 10년의 세월이 빠르다는 생각이 들지 않는가요?

 앞에서 언급했듯 연인을 만나 교제하면서 피해 갈 수 없는 것이 비용적인 문제입니다. 잠깐 비용을 산출해 봅니다. 최소한 1주일에 한 번 만난다고 했을 때 데이트로 지출되는 비용이 요즘 물가수준을 감안한다면 두 사람 모두 합쳐 대략 10만 원 정도로 볼 수 있습니다. 그렇다면 매월 40만 원, 1년이면 약 500만 원이 됩니다. 그러나 실제 지출 비용은 이보다 훨씬 많을 것입니다.
 주 2회 만남이면 1,000만 원의 소비를 예상해 볼 수 있습니다. 이성 교제의 달콤함에 취하면 손에 움켜쥔 모래가 빠져나가듯 시간과 돈이 소리 없이 사라지게 됩니다. 그러므로 결혼을 전제로 하는 교제라면 결혼 설계를 하면서 연애 기간을 단축하는 것도 합리적인 방법이라 하겠습니다.

3장... 결혼상대 관찰하는 방법

- 첫 만남을 위한 준비
- 외형적 관찰
- 내면적 관찰

다음은 결혼 상대를 판단하는 방법에 관한 것입니다. 가장 어려운 것 중의 하나가 상대를 관찰하고 판단하는 것입니다. 그래서 결혼이 어렵다고 하소연합니다. 결혼 상대 관찰법을 통해 도움을 받으시면 그동안 머리 아팠던 고민이 해결될 것입니다. 교제 기간이 짧으면 3개월, 길면 6개월, 예외의 상황으로 길어진다 해도 1년 이내면 누구나 관찰과 판단을 내릴 수 있을 것이라고 생각됩니다.

'나와 함께 짝을 이루어 남은 인생을 살아가는데 적합한 사람인가?'를 관찰하는 일은 결혼에 있어 매우 중요한 첫 관문이라 할 수 있습니다. 이 과정은 우리가 인생을 80세 기준으로 한정해 보더라도 30세에 결혼한다고 가정해 봤을 때 50년이라는 긴 세월을 함께 살아간다고 할 수 있습니다. 또 인생이라는 건물을 완성한다는 것으로 비유해 봤을 때 건축물의 기초와도 같은 중요한 단계입니다.

살아가면서 우리는 수없이 많은 선택의 기로에 놓이기도 합니다. 가장 가치 있는 결혼이라는 대사를 생각할 때 이 순간보다 더 중요한 선택의 순간이 또 있을까요? 결혼은 두 사람의 인격체가 만나 함께 만족해야 성사되는 일입니다.

함께 만족하는 짝을 만나기 위해서는 서로 수용할 수 있는 여건이나 조건의 상대와 만나는 것이 좋습니다. 통계나 확률에 의존하는 건 아니지만 성사되는 커플을 볼 때 전혀 모르는 상대나 먼 거리의 인연보다 서로 공감할 수 있는 여건이나 조건, 만나기 쉬운 근거리의 인연이 성사 가능성이 높다고 할 수 있습니다. 이것은 우리 주위의 결혼한 다른 부부들을 통해서도 확인이 가능합니다.

본인의 여건은 생각하지 않고, 내가 원하는 이상형으로 과분한 조건만 고집하다 보면, 예를 들어 물질 명예를 좇는다든가 부귀영화에 치중하다 보면 정작 본인의 현재 높은 가치가 세월 속에 하락하는 상황이 될 수도 있습니다. 예로부터 전해 내려오는 표현으로 '내 입에 맞는 떡이 없다' 는 표현이 있습니다.

내가 원하는 조건를 낮춰 상대를 찾는다면 현실적으로 현명한 선택이 되므로 성사 가능성도 높아 질 것입니다. 너무 100% 만족하는 조건을 찾다 보면 그것은 크나큰 과욕으로 만남의 시간이 늦어지고 정작 상대의 진가를 관찰해야 하는 가치에 대해서는 놓치게 됩니다. 하물며 좋은 상대를 만나 어렵게 성사되더라도 결혼 후 후유증이나 다른 위험한 상황과 함정에 빠질 위험도 있음을 경계해야 합니다.

처음부터 100% 맞는 상대를 찾기보다 서로 부족한 상대를 만나 서로 채우지 못한 공간을 배려와 양보 그리고 사랑으로 채우며 살아간다는 마음으로 임할 것을 조언합니다. 먼저 결혼 상대로 적합하지 않거나 피해야 하는 사람 중심으로 관찰하고, 결혼 상대로 적합한 사람에 대한 관찰은 인성을 중심으로 관찰해서 판단하기 바랍니다.

첫 만남을 위한 준비

 이성을 소개받았거나 처음 만났을 때 상대의 내면적 관찰을 위해 알아야 할 정보와 그에 따른 행동과 준비에 대해 알아봅니다.

 첫 만남에서 외형적 관찰을 통해 호감이 간다면 다음 만남을 기약하게 됩니다. 그렇다면 다음 만남이나 차후의 만남을 통해서 해야 할 일이 상대에 대한 내면적 관찰입니다. 내면적 관찰을 위해 꼭 알아야 할 기본적인 정보가 필요합니다.

 내면적 관찰을 위해 필요한 정보로 가족 구성원과 신상 정보는 인성을 관찰하기 위한 것이며 학력과 현재 하는 일이나 직업과 관련된 정보는 상대의 비전과 가치관을 알아보기 위한 것입니다. 처음부터 가족이나 직업과 관련한 대화는 경직

되고 무거운 분위기를 만들게 됩니다. 이런 분위기에서는 상대로부터 얻고자 하는 필요한 정보도 얻기 어렵게 됩니다.

첫 만남을 통해 필요한 정보를 얻기 위해서는 칭찬과 질문을 잘해야 합니다. 상대로부터 호감을 얻고 자연스러운 대화 분위기를 이어가기 위해서는 첫인사를 나눈 다음부터 자연스럽게 가벼운 칭찬의 한마디 말을 하는 요령이 필요합니다. 그날 날씨나 상황에 맞게 표현하면 됩니다. 덧붙인다면 첫 만남을 위한 의상은 물론 상황에 따라 다르겠지만 예의를 갖추며 상대를 편안하게 할 수 있도록 부담 없는 세미 정장 정도를 추천하고 싶습니다.

"안녕하세요. 화창한 날씨에 밝은 옷이 너무 잘 어울립니다."
"반갑습니다. 발걸음이 남성미가 느껴집니다."

부드러운 대화, 밝은 대화 분위기를 위해 농담이나 유머도 도움이 됩니다. 대화 시 나의 말을 많이 하기보다 들어주는 대화를 통해 내가 원하는 정보를 알아내야 합니다. 대화의 주도는 상대에게 나의 지혜로운 질문으로 조연 역할을 합니다. 잘한 일에 대해서는 칭찬과 관심을 보입니다. 칭찬의 말로 "대단하십니다.", "잘하셨네요." 관심에 대해서는 "조금 더 자세히 설명해 주실 수 있어요?" 등으로 맞장구를 쳐주는 것입니다. 사람은 칭찬받거나 자신의 일과 취미에 관심을 기울이면 더 많은 이야기를 해주고 싶어 합니다.

상대의 말을 잘 들어주는 방법은 말을 끊지 말고 상대의 눈을 마주치면서 끝까지 집중하는 것입니다. 대화 분위기를 부드럽게 하고 부담되지 않은 상황을 만들기 위해 가벼운 대화 주제가 좋습니다. 음식이나 스포츠와 같은 주제, 최근 사회적으로 화제가 되는 이슈나 정보 중심으로 서로의 생각을 나누는 대화도 무난합니다. 상대의 취미생활로 운동이나 스포츠, 레저에 관심이 있는지 좋아하는 것은 무엇이 있는지 알아보는 것도 하나의 포인트가 될 것입니다.

다음에 다시 만남을 위해서도 좋아하는 음료나 음식, 싫어하는 음료, 음식에 대해서도 알아봅니다. 음식의 호불호 이유에 대해 질문을 해볼 수도 있습니다. 이러한 대화를 통해 긴장감이나 부담이 사라지고 비교적 편해졌다면 상대의 비전과 가치관을 알아보기 위한 질문을 합니다.

전공과 현재 하는 일이나 직업, 일의 특성, 그 일을 하게 된 동기에 대해 가볍게 질문합니다. 다음으로 가장 중요한 인성을 관찰하기 위한 질문을 합니다. 본가나 고향, 부모님의 고향, 가족 구성원과 나이, 직업, 일에 대해 가볍게 질문합니다. 그 외 부모가 아닌 친척이나 할머니 또는 고아원과 보육원 같은 위탁 시설에서 성장했다면 인성 관찰을 위해 필요한 기본 질문을 합니다.

호감 가는 이성의 상대와 만남이 계속 이어지는 경우 순차적으로 알아가는 접근이 필요합니다. 호감 가는 이성과의 만남 → 상대에 대한 관찰(외형적 관찰과 내면적 관찰) → 상대에 대한 연구를 통해 인성과 비전, 가치관에 대한 평가를 내리게 됩니다.

 이 평가를 통해 나의 결혼 상대로 적합한 사람 또는 결혼 상대로 부적합한 사람에 대한 판단이 가능해질 것입니다.

외형적 관찰

 1단계는 눈을 통해 상대의 외모 즉 외형적인 모습을 관찰합니다. 2단계는 상대의 언어사용 즉 대화를 통해 이성 상대의 언어사용의 품격을 봅니다. 3단계는 상대의 행동 즉 이성의 행동 모습을 통해 언행일치의 정도를 관찰할 수 있습니다.

 언행일치의 관점은 말과 행동에서 나타나는 신뢰의 의미도 중요하지만 말에서 보여주는 인격과 행동에서 나타나는 인격이 일치하는가를 보는 것입니다. 이성의 상대와 대면 접촉을 통해 상대의 외모, 외모에서 느껴지는 첫인상이나 첫 느낌, 예절이나 도덕성 등을 관찰하는 것을 말합니다. 외형적 관찰은 이성의 상대와 서로 호감을 느끼거나 더 관심을 가지고 알아보기 위해 다음 만남으로 진행되는 경우 구체적인 내면적 관찰과 판단에 참고가 됩니다.

1단계. 외모에 대한 관찰

첫인상과 첫 느낌: 첫인상이 시각적인 정보라면 첫 느낌은 서로의 파동 전달을 통해 상대의 내면의 심리상태를 느끼는 감정이라 할 수 있습니다. 이때 느껴지는 이미지는 사람마다 거의 비슷하지만 개인차가 있어 다르게 느낄 수도 있습니다.

> **얼굴표정**: 밝다, 어둡다, 강하다, 순수하다, 착하게 보인다 등 사람마다의 표정들을 느낌으로 읽을 수 있습니다.
>
> **웃는모습**: 밝고 건강한 모습, 밝지 않은 웃음, 웃음이 없는 사람 등 웃을 때 밝고 환한 모습인지를 봅니다. 잘 웃지 않는 사람이라면 왜 웃음이 없는지 관찰이 필요합니다.
>
> **눈**: 눈은 관상학에서도 가장 중요하게 보는 신체 부위입니다. 진심의 정도를 눈을 통해 봅니다. 눈에는 사람의 마음이 담겨 있습니다. 눈은 마음의 창이라고 합니다. 눈으로 사랑도 하고 연기도 눈으로 합니다.
>
> **복장상태**: 상대의 복장 상태를 보고 관찰합니다. 어떤 옷을 입었는지 디자인, 색상, 옷의 종류를 봅니다. 신발도 함께 살펴봅니다. 명품 옷이나 명품신발을 착용했는지를 봅니다. 상대의 사치나 소비심리를 살펴볼 수 있습니다.

2단계. 언어사용에 대한 관찰

 이성과의 대화를 통해 우선 언어를 사용함에 있어 상대를 관찰해 봅니다. 말의 종류에는 두 가지로 나눌 수 있습니다. 진심이 담긴 말과 가식적인 말입니다. 말이 씨가 된다고 했습니다. 매일 사용하는 언어는 인생의 씨앗과 같아서 내뱉는 말이 우리의 운명에 영향을 미칩니다. '상대를 존중하는가? 긍정의 언어를 사용하는가?' 를 봅니다. '거친 표현이나 정제되지 않은 과격한 언어사용, 또는 욕설은 하지 않는가?' 를 봅니다.

> **말투**: 자주 사용하는 말 또는 반복적인 말, 수식어를 쓰는지 봅니다. 말끝마다 무엇을 붙이는 경우가 있습니다. 분명하게 발음하는지를 봅니다. ~다, 나, 까? 의 발음이 분명하게 들리는 말에는 거짓이 없고 자신감이 느껴집니다.
>
> **목소리**: 목소리의 크기가 너무 크거나 약하거나 하지 않고 다정한 목소리인지를 봅니다. 화를 잘 내는 사람은 목소리가 크고 말이 빠른 특징이 있습니다. 감정조절 능력이 약하다고 볼 수 있습니다. 목소리가 너무 작아도 자신감, 또는 자존감이 없어 보입니다.
>
> **집안의 언어**: 사는 지역에 따라, 부모의 고향에 따라 그 지역의 언어를 사용하게 됩니다. 그렇듯이 가족이 사용하는 언어의 품위와 성품은 상대에게 그대로 전해지기 마련입니다. 이를 통해 그 집안의 언어를 예측해 볼 수 있습니다.

3단계. 예절과 도덕성

 예절과 도덕성은 사람을 더욱 사람답게 보여주는 것이라 할 수 있습니다. 즉 사람의 내면을 아름답게 디자인하고 포장함으로 인해 가치를 높여 준다고 할 수 있습니다. 이성 상대의 외형적 관찰의 행동에서 나타나는 예절과 도덕성은 매우 중요한 관찰 포인트라 할 수 있습니다. 이것은 외향적 관찰을 통해 볼 수 있는 인성이라 할 수 있습니다.

 가. 예절

 사람과 사람 사이의 인간관계는 예로써 시작되고 예로써 마무리됩니다. 예의 시작은 인사라고 할 수 있습니다. 모르는 사람이나 처음 보는 사람과의 관계도 인사를 나누면 인간관계가 형성되는 것입니다. 인사人事는 사람으로서 마땅히 해야 하는 사람의 일이라고 할 수 있습니다.
 예절은 한 사람을 사회 구성원으로서 인간답게 만들어 주는 것이라고 할 수 있습니다. 예절은 때와 장소에 따라 그 상황에 맞는 예의범절이 주어집니다. 예절은 사람으로서의 인격과 인품을 나타낸다고 할 수 있습니다. 인격과 인품은 사람으로서의 가치를 더해 주며 그 사람의 가치를 높여 준다고 할 수 있습니다. 사람은 혼자서 살아갈 수가 없습니다.

 사람은 사회 구성원 속에서 생존할 수 있습니다. 인간은 누구나 서로 관계를 맺고 살아가야 하는데 예의 없는 사람과의 관계에 대해서는 호의적이지 않습니다. 사회 구성원의 일원이 되기 위해서 예절이 갖추어져 있어야 합니다. 예절이 몸에 배어있지 않으면 사회 구성원의 지지를 받기 어렵습니다.

스스로 뛰어난 재능을 갖추었다 해도 예절이 우선이 되지 않으면 그 가치는 퇴색되거나 인정받기 어렵게 됩니다. 하나를 보면 열을 안다고 했습니다. 이 표현이 잘 부합되는 것이 바로 예절이라 할 수 있습니다.

이성 상대를 관찰함에 있어서 갖추어진 예절을 봅니다. 교제 시간을 통해 그때 그때 만나게 되는 사람을 대하는 태도를 관찰합니다. 다양한 장소, 다양한 사람과의 만남에서 취하는 태도를 봅니다. 서비스를 받게 되었을 때 사회적 약자를 대하는 태도를 봅니다.

나. 도덕성

도덕은 인간이 세상을 살아가는 데 있어 옳고 그름의 판단을 통해 올바르게 행하는 것을 말합니다. 옳고 그름의 판단은 정해지고 약속된 법, 규칙이나 규범과 같은 관습, 공공의 질서유지를 위해 정해진 공중도덕 등은 바탕이 된 양심에서 나온다고 할 수 있습니다. 윤리와 도덕의 바탕 위에서 높은 도덕적 가치를 지닌 사회는 밝고 건강한 사회라 할 수 있습니다. 인간은 이성적 존재로서 도덕적 가치를 지닌 존재라 할 수 있습니다. 도덕적 가치는 말과 행동에서 나타납니다.

이는 물질적 가치와 돈과 비교될 수 없습니다. 도덕이 바로 서지 않는 부도덕한 사회는 불신의 사회가 됩니다. 도덕적인 사회는 사회를 이끌어가는 사회지도층이 앞장서야 함은 물론이지만 소위 기성세대에 의해 바로 서게 됩니다.

 윗물이 맑아야 아랫물이 맑은 법입니다. 가정의 화목도 윤리와 도덕의 바탕 위에서 이루어집니다. 부모는 올바른 도덕을 몸소 행함으로 자녀의 본보기가 되어야 합니다. 이성의 상대가 생활 가운데 얼마나 도덕적 가치를 실천하는 사람인가를 봅니다. 말과 행동을 통해 도덕성의 정도를 관찰해 볼 수 있습니다.

내면적 관찰

내면적 관찰은 사람의 내면에 감춰져 있어 잘 드러나지 않는 그 사람의 본성을 보는 것입니다. 태어나서부터 자라온 생활 환경이나 생활 습관에 의해 자연스럽게 표현되는 생각과 행동을 보는 것입니다. 태어나 성장하면서 자신도 모르는 사이 자신의 의지와는 무관하게 생활과 환경에 의해 고착화된 생각이나 행동을 보는 것입니다. 이렇게 어릴 때부터 몸에 밴 나쁜 습관은 성장 후에 단점을 스스로 고치려고 해도 잘 고쳐지지 않는 경우가 많습니다.

보통 사람들은 이성을 소개받거나 사귀게 되었을 때 외모나 직업, 상대의 경제 능력과 나타나는 성격, 그리고 교제의 시간을 통해 사랑과 신뢰가 깊어져 결혼하게 되는 경우가 일반적이라고 할 수 있습니다. 외형적 관찰에 의존한 판단은 상대의 내면에 가지고 있는 본 모습이라 할 수 있는 인성, 미래비전, 가치관에 대한 관찰과 판단을 놓치게 됩니다. 결혼 상대로써 관찰해야 하는 가장 핵심적인 부분인 인성에 대한 관찰과 판단을 놓치게 되므로 인해 생길 수 있는 잘못된 선택은 결혼 후의 이혼이나 불행한 결혼의 원인이 됩니다.

인생에서 가장 중요한 가치를 지니는 결혼에 있어, 특히 결혼 상대를 선택할 때 기존의 시행착오를 답습하지 않기를 바랍니다.

사람들은 자신의 단점이나 약점을 감추고 마음에 드는 상대에게 호감을 얻기 위해 없는 능력도 있는 것처럼 포장하기도 합니다. 그러면 상대는 상대의 말에 대한 신뢰성을 관찰하고 확인해 보아야 합니다. 순수한 사람은 상대의 말을 의심 없이 그대로 믿게 됩니다.

사람이 사람의 말을 믿어야 하는 사회가 믿음의 사회라 할 수 있지만 우리가 사는 지금의 사회는 과거보다 더욱 사람을 신뢰할 수 없는 사회로 윤리와 도덕이 무너지고 있는 것이 현실입니다. 그러므로 상대의 말을 그대로 믿기 이전에 조언자와 의논하여 상대를 관찰하고 연구해 보아야 합니다. 이 내면적 관찰은 상대의 근본을 알 수 있는 핵심이라 할 수 있습니다. 이를 깊이 있게 활용한다면 외형적 관찰의 한계를 극복할 수 있습니다.

내면적 관찰이 제대로 되었다면 정확한 상대의 가치를 볼 수 있게 되고 그 사람의 비전을 알 수 있습니다.

1. 인성人性

  사람으로서 마땅히 갖추어야할 인간적인 성품을 말합니다. 인성은 부부의 인연을 맺고 결혼생활을 영위해 가는데 있어 인생 동반자로서의 적합성을 판단하는데 중요한 핵심 포인트라 할 수 있습니다.

  행복해야할 결혼 생활이 불행하게 된다면 서로에게 크나큰 상처라고 하지 않을 수 없습니다. 후회하게 될 결혼이나 불행한 결혼이 되지 않도록 하기 위해서는 결혼 상대가 올바른 인성을 갖추었는가를 잘 관찰하여야 합니다. 한 사람의 인성을 판단하는 데 있어서 상대의 언행을 보고 판단을 하는 것이 일반적인 방법입니다. 물론 잘못된 방법은 아니지만 이런 일반적인 방법은 너무도 많은 한계를 안고 있습니다.
  사람은 자신의 단점이나 약점을 드러내지 않으면서 좋은 모습을 보이고자 하는 것이 일반적인 사람의 심리입니다.

  교제하면서 일반적인 방법을 통해 인성을 관찰하는 시간을 보냈다 해도 그 비중은 결혼 이후의 시간에 비하면 무척 짧다고 할 수 있습니다. 다시 인성 문제를 짚고 가야 하는 것은 이제부터 삶을 부대끼면서 나타나는 상대의 또 다른 습관과 행동 방식으로 그 인성이 다시 짚을 수 있기 때문입니다.
  결혼 후 일상에서 오는 상대의 행동과 습관은 자주 관찰되고 익숙해지기도 합니다. 이를테면 한 공간 안에서 의식주를 같이 해 나갈 때 서로 보이고 느끼게 되는 현상들이겠지요.

그래서 이 부분은 결혼을 앞두고 가장 강조되어야 하므로 신중히 다루고자 합니다. 상대를 만나 빠른 시간에 비교적 정확한 판단을 할 수 있다면 이성 교제의 정신적인 부담감이나 시간과 금전적인 지출을 줄여 합리적이고도 바람직한 관찰이 될 수 있을 것입니다.

 세상에는 다양한 인성과 성향의 사람들이 어울려 살아가고 있습니다. 독자의 이해를 돕기 위해 착한 사람과 나쁜 사람의 예를 비유로 들어 보겠습니다. 착한 사람은 어떻게 해서 착한 삶을 살아갈까요? 그리고 나쁜 사람은 어떻게 해서 나쁜 삶을 살아갈까요? 착한 사람은 태어나기 전부터 나는 착한 일을 하면서 착한 삶을 살아야겠다고 생각했을까요? 그리고 나쁜 사람은 세상에 태어나기 전부터 나는 나쁜 일을 하면서 나쁜 삶을 살아야겠다고 생각했을까요? 독자들도 스스로 한 번 자신을 돌아보세요.

 -나는 어떤 인성의 소유자인가?
 -현재의 나의 인성은 어떻게 해서 만들어졌을까?
 -현재 나의 인성 형성에 가장 영향을 미친것은 무엇일까?
 -마주 보고 있는 상대는 어떤 인성의 소유자일까?
 -내가 보는 판단이 옳을까?
 -상대가 본성을 감추고 있는 것은 아닐까?

'열 길 물속은 알아도 한 길 사람 속은 모른다'고 했습니다. 심리학적 지식이나 사람을 보고 판단하는 방법에 대한 지식을 갖고 있지 않은 일반사람들은 어려운 영역이라 할 수 있습니다. 그래서 일반인들도 상대의 인성을 알아보고 파악할 방법을 알려드리고자 합니다.

세상에 존재하는 모든 생명체는 주어진 환경에 적응해 살아가고 있습니다. 환경에 적응한다는 말은 환경의 영향을 받는다고 할 수 있는데 그 환경에는 여러 가지 환경 요인이 있겠지만 집안 환경을 저는 중요하게 생각해 봅니다. 여기서 필자가 말하는 '집안 환경이란?' 한 생명이 이 땅에 태어나서 성인이 될 때까지 약 20여 년을 어떤 인성의 부모로부터 양육되었는가? 하는 것입니다.

상대의 인성에 대한 관찰은 위에서 설명한 대로 보이는 그대로를 관찰하는 외형적 관찰과 상대의 언행을 통해 관찰하는 내면적 관찰을 통해 이루어져야 합니다. 인성 관찰에서 인성은 자신을 양육해준 부모로부터 인성이 형성되고 부모의 인성을 물려받을 가능성이 매우 크다고 할 수 있습니다. 그러므로 상대의 인성을 관찰하는 데 있어 핵심 요소는 '상대를 양육한 부모는 이 사람을 어떻게 양육했을까? 이 사람을 양육한 부모는 어떤 인성을 갖춘 사람인가? 이 사람은 어떤 가정환경에서 자랐을까? 이 사람은 어떤 생활환경에서 자랐을까?' 관찰하는 것입니다.

모르는 상대의 인성을 관찰하는 방법은 질문입니다. 어떻게 질문을 하느냐에 따라 상대의 솔직한 대답을 통해 부모의 인성 파악이 가능하기 때문입니다. 내면적 관찰의 순서는 지혜로운 질문에 대한 상대의 솔직한 대답과 상대의 대답을 경청하면서 머릿속에 그려지는 부모의 인성과 집안의 분위기라 할 수 있습니다.

 내면적 관찰에서부터 상대 부모 인사까지를 3단계로 나누어 볼 수 있습니다. 1단계는 상대에 대한 지혜로운 질문, 2단계로 상대의 대답을 통한 부모의 인성 관찰, 3단계는 상대의 가정방문과 부모 인사를 통한 확인이라고 할 수 있습니다. 상대의 부모를 찾아뵙는 일은 긴장되고 서먹한 만남으로 매우 부담을 가질 수 있습니다. 하지만 이 자리는 상대의 부모님도 나를 관찰하는 자리임과 동시에 나 역시 상대 부모님의 인성을 확인하는 과정입니다.

 다음은 상대의 성장환경에 따른 인성을 알아보기 위한 질문에 대한 설명입니다. 다른 제삼자에게 집안이나 가족과 관련된 나의 사생활 이야기를 한다는 것은 상대방에 대한 신뢰가 형성되었을 때 가능한 것입니다. 따라서 호감 가는 상대의 인성을 빨리 알아보기 위해서는 잦은 만남과 잦은 교제로 서로의 신뢰를 형성하는 것이 중요합니다. 무엇보다 대화의 분위기가 자연스럽게 잘 이루어 질 수 있도록 일방적으로 듣기보다는 내 가족 이야기도 함께 나누어 서로 주고받는 대화가 되도록 해야 합니다.

 지금까지 외형적 관찰과 내면적 관찰을 통해 진심과 가치가 담긴 이성 교제라는 것이 어떤 것인지 어느 정도 이해하고 확인하였습니다.

가. 부모에게서 양육된 경우

1. 부모와 가족 모두의 나이,직업과 같은 신상에 대해 알아본다. 부모의 고향과 성장환경,성장 과정에 대해 알아본다.
2. 부모의 일에 관해서, 예를 들어 공무원이라면 회사에서의 소속 부서, 직책 등의 구체적인 분야에 대해 알아본다.
3. 부모님의 경제활동과 재테크를 위한 범위 등을 알아본다.
4. 부모의 하루 생활과 휴일을 어떻게 보내시는지 알아본다.
5. 아버지가 집안일은 잘 보살피는지 예를 들어 주방일, 청소와 분리수거 등, 하는 것을 본 적이 있는가?
6. 가족과 함께한 외식이나 여행에 관하여 이야기한다. 여행하면서 즐거운 에피소드나 추억을 떠올리며 이야기를 나눈다.
7. 부모의 좋아하는 음식에 대해 알아본다. 부모의 주량이나 흡연량에 대해, 음주 후 음주로 인한 실수, 사건에 대한 일화는 있었는지 이야기를 나눠본다.
8. 두 분의 취미생활과 여가는 어떻게 보내는지 알아본다.
9. 부모의 소비성향을 살펴본다. 부모의 소지품 중 오래된 물건이나 고가의 제품, 명품, 아끼는 물건이 있는가? 이를 통해 검소한가? 사치나 낭비의 성향은 없는가?
10. 부모님을 생각하면 떠오르는 감정, 단어가 있는가? 부모님에게 혼났던 기억, 미워했던 기억, 바라는 점이 있는가? 부모님으로부터 배우고 싶거나 닮고 싶은 점, 칭찬해

주고 싶은 것이 있는가? 이러한 질문을 통해 집안의 분위기, 부모님의 인성, 자녀 교육에 대해 살펴볼 수 있다. 상대의 인성 형성에 가장 영향을 미친 사람은 누구인지 알아본다.

11. 상대 집안의 관습이나 전통 행사에 대해 알아본다 명절을 어떻게 보내는가? 친척을 방문하는가? 차례를 지내는가? 제사나 집안의 특별한 행사는 있는가?

나. 한 부모 가정에서 양육된 경우

1. 가족 구성원의 나이, 직업, 신상에 대해 알아본다.
2. 한부모 가정이 된 이유에 대해 구체적인 상황을 알아본다.

> *사망일 경우(부모 중 한 분): 상대의 나이가 몇 세였을 때 그렇게 되었는가? 그 원인에 대해서 알아봅니다.
> *이혼일 경우: 상대와 한 부모의 그 당시의 나이? 그 이유와 상황에 대해 알아봅니다. 외도나 바람, 가정폭력, 사업 실패, 성격 차이 등 여러 원인이 있을 수 있으므로 질문은 차분해야 하고 신중할 필요가 있다.

사망이나 헤어진 부모에 대한 감정의 상태에 대해서도 알아본다. 어떻게 극복하고 긍정적 삶을 영위하는지 살피게 된다.

3. 현재 사는 한 부모에 관한 생각을 들어봅니다. 이러한 질문을 통해 사랑의 결핍, 사회에 대한 불만, 마마보이/마마걸과 같은 증세, 올바른 인성, 자립심, 가족관에 대에 관

찰해 볼 수 있다.
* 위 질문에 관해서는 집중과 경청의 자세가 필요하다.

다. 조부모님에게 부양된 경우

1. 조부모님에게 부양된 경우 (할아버지나 할머니 중 한 분 계시는 경우) 조부모님의 나이와 건강 상태, 성격에 대해 알아본다.
2. 조부모님의 하시는 일이나 경제활동에 대해 알아본다.
3. 조부모님의 인성을 알아보기 위한 질문은 가)의 내용을 참고 또는 응용해서 알아본다.
4. 부양해주신 조부모님에 대한 감정이나 심리적인 상태를 알아본다.

라. 친척 집에서 부양된 경우

1. 친척의 관계, 친척 구성원의 나이와 신상에 대해 알아본다.
2. 친척 집에서 지내게 된 이유나 상황에 대해 알아본다.
3. 몇 세부터 얼마 동안 생활했는지를 알아본다.
4. 친척 가족과의 관계에서 차별받거나 마음의 상처는 없었는지를 본다.

마. 위탁 시설에서 성장한 경우

1. 위탁 시설에 입소하기 전의 가정상황에 대해 알아본다.
2. 위탁 시설에 입소하게 된 상황에 대해 알아본다.

3. 위탁 시설의 명칭, 위치, 규모(원생 수, 시설)에 대해 알아본다.
4. 원장과 교사들의 성격, 인품과 시설의 운영상황에 대해 알아본다.
5. 시설의 환경과 분위기에 대해 알아본다.
6. 시설에서의 하루와 일주일 패턴에 대해 알아본다.
7. 원우들과의 관계, 기억나는 친구나 선후배는 있는지 이야기를 나눈다.
8. 퇴소 후 원장님이나 교사들과의 관계상황에 대해 알아봅니다. 예를 들면, 후원과 멘토 등이 속한다
9. 가까이 지냈거나 현재도 연락하는 원생 또는 친구, 그리고 위탁 시설에서 함께 지냈던 가족이 있는지 알아본다.
10. 시설에서 정신적으로 도움 되었던 사람에 대해 알아본다.
11. 자라면서 내 인생에 보육원 생활은 어떤 영향(좋은 영향, 나쁜 영향)을 미쳤는지 알아본다.

*보육원: 부모의 보호를 받지 못하고 자라게 된 어린이나 청소년들을 보호하는 시설을 말합니다. 이전에는 고아원이라고 했었으나 사회 인식 개선을 위해 보육원으로 부르고 있습니다. 원생들은 만 18세가 되어 고등학교를 졸업하면 보육원에서 퇴소하게 됩니다.

*자립생활관: 입소 조건은 대학에 입학했거나 취업이 된 경우에만 입소할 수 있습니다. 보육원과 같이 생활만 할 수 있으며 생활비와 학비는 스스로 벌어야 합니다.

*청소년 쉼터: 가정해체, 양육기능의 상실 등으로 가정에서 필요한 보호를 받지 못하는 청소년들에게 의식주 제공, 학업 및 심리정서 지원, 문화활동 지원 등의 서비스가 안전한 보호를 제공하는 청소년 복지시설을 말합니다. 24시간 운영되며 24세 이하 청소년들에게 입소가 가능해집니다.

-일시 쉼터: 하루 또는 일주일 동안 보호할 수 있는 기관을 말합니다.

-단기 쉼터: 3개월 이내로 머물 수 있으며 2회까지 연장을 하면 9개월만 머물 수 있습니다.

-중장기 쉼터: 기본 3년에서 최장 4년까지 보호받을 수 있습니다. 상담이나 학업 지원 등의 특화된 서비스가 제공되며 사회로 나아갈 수 있는 자립 지원을 주기능으로 하고 있습니다.

〈인터넷 네이버백과 발췌〉

2. 직업과 미래비전

직업이나 하는 일에 대한 비전과 이성 상대의 미래비전을 관찰합니다. 현재 하는 일이나 직업은 매우 중요합니다. 경제활동을 통해 일상생활에 필요한 재화를 얻고 삶을 영위하면서 가족을 부양하는 수단이 되기 때문입니다. 따라서 현재 하는 일이나 직업의 성격도 중요하지만 하는 일을 꾸준히 할 수 있는가? 발전 가능성이 있는가? 등 하는 일이나 직업에 대한 비전도 중요합니다.

지금의 일이 미래의 목표나 목적을 이루기 위한 디딤돌 과정이 되는가? 직업과 관련된 질문을 통해 상대방 직업의 진실성을 관찰하고 직업에서 능력 정도를 알아볼 수 있습니다. 이를 위해서는 구체적인 질문이 필요합니다. 회사나 조직 내에서 맡은 역할, 그 역할의 성격과 중요성을 알아봅니다.
지인으로부터 소개받은 상황이라면 상대를 만나기 전 미리 소개받은 지인을 통해서 하는 일이나 직업에 대한 정보를 얻습니다. 얻은 정보를 통해 회사 명칭, 회사 위치, 회사 규모, 일의 성격 등과 같은 만남에서 질문을 위해 필요한 기본적인 자료를 준비합니다. 그런다음 만났을때 상대방의 일에 따라 업무와 관련한 구체적인 질문을 합니다.

월급, 연봉과 같은 수입 정도를 알아봅니다. 이런 질문을 통해 상대의 능력과 진실성을 알아볼 수 있습니다. 상대에 대한 미래비전을 관찰할 수 있습니다. 직업은 그 사람이 살아 온 인생 성적표에 반영이 되는 부분이기도 합니다.

- 상대의 비전을 알아보기 위해 학력과 전공, 학위도 중요하지만 무엇보다도 어떤 분야에 전문성을 갖추고 있는지도 매우 그 사람의 실력과 성실함을 분별하는 데 도움이 됩니다. 그리고 자격증이나 경력에 대해 알아봅니다.
- 자기관리를 알아보기 위한 질문이 필요합니다. 하루 생활 패턴, 일주일 생활 패턴을 통해 시간 관리를 어떻게 하는지 알아봅니다. 미래에 하고 싶은 일이나 꿈에 대해서 알아봅니다.
- 결혼 후의 삶에 대해 질문을 합니다. 맞벌이에 관한 견해, 부부의 경제활동에 관한 생각과 자녀 출산 계획 등에 대해 들어봅니다.

3. 가치관 알아보기

가치관은 어떻게 형성될까요? 가치관은 유년 시절부터 외부나 내부에서 받게 되는 환경적 원인과 가족 또는 타인과 관계를 쌓았을때 감지되는 감각과 경험을 통해 자아가 구현되고 형성됩니다. 따라서 이것은 하루아침에 형성되는 것이 아니기 때문에 갑자기 잘 바뀌지 않습니다.

과거의 육체적, 정신적으로 힘들었던 아픔이나 설움 등과 같은 경험에서 형성되며 비교적 평온하고 안정된 생활보다 뼈저린 고통의 경험이 가치관 형성에 영향을 미치게 됩니다.

어린 시절 가난하고 어려운 환경 속에서 사회적 약자로 살아본 경험은 사회적 약자나 서민의 고충과 어려움에 대해 잘 이해하고 그런 입장의 가치관을 형성하게 됩니다. 그러나 어릴 때 풍족한 환경 속에서 물질적 풍요와 부모의 전폭적인 지원 속에서 어려움 없이 살아온 사람은 약자의 고충이나 고통, 상대에 대한 배려보다 자기 자신밖에 모르는 가치관을 형성하게 될 것입니다. 이경우 부모님이나 환경에 의존하기보다 스스로 자신과 자아를 독립시켜 자존감을 형성하는 것은 매우 중요합니다.

이성의 상대가 이기적인 사람, 남을 배려하는 사람 등 삶에서 중요하게 여기는 가치는 무엇인지를 알아봅니다. 상대의 가치관을 빨리 알아볼 방법은 항상 강조하듯이 질문입니다.

- 인생에서 가장 중요하게 생각하는 것은 무엇인지를 물어보고 그 이유에 대해 질문합니다.
- 가족의 중요성, 가족으로 인해 얻게 되는 행복 또는 상대의 생각을 들어 봅니다.
- 만약 지금 10억 원의 현금이 있다면 어떻게 쓸 것 인지를 물어봅니다. 재밌고 즐거운 농담은 대화의 결을 부드럽게 하면서 서로에게 소통과 친밀감으로 활력소를 줍니다.
- 지나간 과거에 힘들었던 고통이나 상처는 그 사람의 가치관에 영향을 미치게 됩니다. 특히, 내가 싫어하거나 거리를 두게 되는 사람과 허심탄회한 대화에서 더욱 공감대가 형성되며 함께 문제를 풀어갈 지혜를 찾을 수 있습니다.

4. 취미, 특기, 좋아하는 것

 상대의 취미생활이나 특기에 대해 알아볼 때 결혼 후 가족보다 본인의 취미생활이나 좋아하는 것에 더 많은 시간을 할애해 결혼 생활에 지장을 초래할 우려는 없는지를 알아봅니다. 상대가 자신의 취미생활이나 특기를 통해 인정받았던 과거 일을 자랑하거나 이야기한다면 같이 호응하면서 더 많은 것을 자세히 말하도록 유도할 필요가 있습니다.

 스포츠나 운동도 그렇지만 특히 시간이나 비용이 많이 드는 레저스포츠에 해당하는 등산이나 낚시와 같은 문화를 좋아하는지 살펴보아야 합니다. 즐기는 횟수와 비용, 주 몇 회, 월 몇 회, 그리고 회당 어느 정도의 비용이 지출되는지도 알아봅니다. 골프, 등산, 낚시 등과 같은 레저는 집에서 먼 거리를 이동해야 하는 점과 때로는 비용이 많이 지출될 수도 있기 때문입니다.

 여러 가지 취미활동 중에서 본인도 함께 즐길 수 있는 것인지 함께 생각해 봅니다. 좋아하는 것에는 게임이나 인터넷 도박, 경마, 스포츠토토와 같은 사행성 있는 것에 중독성은 없는지도 살펴야 합니다. 예를 들어 게임을 좋아한다면 가까운 PC방에서 함께 게임을 즐기면서 상대의 정도를 점검해 볼 수 있습니다. 중년이나 노후에 경제적인 여유가 생기고 시간이 된다면 무엇을 할 것인지 질문을 합니다. 인생에서 꼭 해보고 싶은 일이 있는지도 질문해 봅니다.

5. 종교에 대한 관찰

 결혼 전 이성 상대의 신앙이나 종교에 대해 알아봅니다. 그 이유는 결혼 후 가족의 종교 문제로 인해 행복한 결혼 생활에 장애를 없애기 위한 것입니다. 서로가 무신론자이거나 종교를 갖고 있지 않다면 종교 문제에 대해 자유롭다고 할 수 있겠으나 한쪽이라도 종교를 갖고 있다면 신중하게 살펴보아야 합니다.

 종교는 두 가지 측면에서 판단해볼 필요가 있습니다. 세상에는 수많은 종교가 있지만 각각의 종교가 개인이나 우리가 사는 사회에 선한 영향력을 끼치는가?하는 문제는 중요합니다. 살아가다 보면 삶에 지쳐 도움이 필요할 때 종교 생활은 내가 마음의 위안을 얻고 선한 가르침을 배우며 희망적인 삶을 살도록 정신적 심리적 안정을 갖게 합니다. 하지만 우리에게 나쁜 영향을 미치는 종교도 많습니다. 삶에서 어려움에 지친 사람들이나 올바른 진리를 갈구하는 사람들에게 혹세무민惑世誣民하는 종교들입니다. 사람에 따라, 집안에 따라, 종교에 관한 생각이나 믿음, 관심 정도의 차이가 다양하므로 각자의 상황을 참고해서 판단해보아야 합니다.

 만약 서로가 또는 한쪽이라도 종교를 갖고 있다면 어떤 종교를 믿고 있는지 알아봅니다. 종교에 대한 믿음의 정도가 어느 정도인지 알아봅니다. 종교를 접하게 된 계기와 가족과 함께 또는 혼자만 신앙을 가졌는지 소속된 종교의 종류와 명칭도 알아봅니다. 상황에 따라서 모임 행사나 집회에 참석해서 확인해 볼 수도 있습니다. 서로가 믿는 종교가 다르다면 어떻게 정리할 것인지에 대해 서로 합의가 필요합니다. 지금까지 살아오면서 종교 문제로 인한 갈등이나 문제없이 평범하게 살아왔다고 해서 이를 대수롭지 않게 여겼다가 결혼 후 후회가 될 일은 미리 살펴야 할 것입니다.

 세상에는 우리가 평범하게 생각하는 순수한 종교도 있지만 평범하지 않은, 상식적이지 않은 종교들도 많이 있음을 가볍게 여기지 말아야 합니다. 마지막으로 흔하지 않지만 교리를 이용한 전도의 목적으로 만남을 이용하고 있는 건 아닌지도 살펴봅니다.

 위에서 살펴본 바와 같이 결혼 준비를 위한 의미와 가치관에 대하여 충분히 공부하고 이해했습니다. 위 내용들은 결혼을 전제로 했을 때 관계 형성을 위하여 매우 중요하며 특히 결혼 상대를 만나면서 이러한 지침들은 꼭 읽고 체크 하며 실천하길 바라는 마음입니다. 이제는 한 걸음 더 나아가 이러한 과정이나 연구를 통해 앞으로 전개될 내용들은 결혼 상대를 판단하고 결정하는 데 좋은 영향을 끼침은 물론이거니와 서로의 결혼과 미래를 위한 확신을 주게 될 것입니다.

4장... 결혼상대 판단 방법

- 결혼상대로 적합하지 않거나 피해야 하는 사람
- 결혼상대로 적합한 사람
- 빠른 결혼의 좋은 점과 장점
- 늦은 결혼의 위험요소와 단점
- 나의 결혼 시점 계산하기

결혼상대로 적합하지 않거나 피해야 하는 사람

 대부분 결혼의 중요성과 필요성에 대해 알고는 있지만 사람은 누구나 태어나면서 겪게 되는 성장 과정과 환경으로 인하여 성격이 다양하게 형성됩니다. 이 과정에서 경험하지 않은 삶에 대한 두려움을 가진 사람도 있을 수 있고 결혼의 중요성에 대해 가볍게 여기는 사람도 있습니다.
 과연 결혼 후 나의 삶은 행복할까? 결혼 생활이 힘들지 않을까? 등의 생각으로 결혼은 어렵다고 하소연하기도 합니다. 그러나 결혼 전보다 결혼 후의 삶이 더 가치 있고 질이 높아지면서 행복할 수 있겠다는 확신이 선다면 결혼을 선택할 것입니다.

 일부 사람들이라 할지라도 결혼 전의 이러한 두려움을 가지게 되는 근본적인 이유는 사람에게 갖는 불신 때문일 것입니다. 상대에 대한 호기심은 있지만 마음으로 생겨나는 두려움으로 인해 교제를 시도하기 전부터 이성에 대한 믿음조차 갖지 못하는 것입니다. 이렇게 섣부른 선입견이나 주관적인 판단으로 이성을 멀리하는 이들을 위해 결혼 상대로서 적합하지 않은 사람들을 정리했습니다. 사람에 대한 변별력이 부족한 독자들도 이해하기 쉽게 도덕적인 면, 경제적인 면, 인격적인 면 등으로 나누어서 정리했습니다.

각각의 시각이나 견해 차이는 있을 수 있으나 아래 내용들은 전문 자료와 인생 경험자들의 조언을 바탕으로 필자의 생각을 정리하였습니다.

1. 도덕적인 면

가. 외도하는 사람

부모의 보살핌 속에서 성인이 되어 운명을 함께 할 인생의 짝을 만나기 위해 이성과 교제합니다. 이성 교제를 통해 만난 이성과 새로운 가정을 꾸리게 됩니다. 성인이 되어 만난 인생의 짝과 새로운 가정을 꾸린다는 것은 우리의 삶에서 제2의 인생이라고 할 수 있습니다.

사람은 태어나면서부터 20여 년의 세월을 부모로부터 양육받고 교육을 통해 세상 살아가는 방법을 배웠습니다. 이제는 성숙한 어른으로서 나와 운명을 함께 개척해 갈 인연을 만나 둘만의 화목한 가정을 만들어가는 것입니다. 정말 인생에서 가슴 벅차고 기대되는 제2의 인생이라 할 수 있습니다. 이런 기대되는 내 인생의 절반 이상과 함께할 운명의 짝을 찾는 과정은 신중해야 하고 이상적인 상상에서 벗어나 현실적인 현명한 판단이 필요합니다.

 서로의 변함없는 사랑이 결혼 후에도 지속되어야 합니다. 결혼 전의 사랑이 이상적이었다면 결혼 후의 사랑은 이성적이라 할 수 있습니다. 두 사람만의 변함없는 사랑이 약속될 때 결혼 전이든 결혼 후든 이 사랑은 지속되는 것이며 더불어 이루는 가정도 화목하게 유지될 수 있습니다. 그러나 약속했던 믿음의 끈을 놓아버리는 어리석은 행동을 하는 경우를 종종 보게 됩니다. 그래서 결혼 전 교제 과정에서 마음이나 행동이 변하고 달라지는 사람에 대한 징후를 관찰하는 일은 매우 중요합니다.

 결혼 전 화목한 가정에 불행의 씨앗이 될 수 있는 상대의 바람기를 미리 관찰하는 것에 대해 알아봅니다. 우선 한 가지 조언한다면 결혼 전 결혼 상대를 찾는 과정에서 여러 사람을 만나고 사귀어 보는 것은 중요합니다. 결혼 상대를 찾는 과정에서 사람을 만나고 사귀어 보아야 경험을 토대로 비교를 통해 상대에 대한 관찰과 판단이 좀 더 어렵지 않기 때문입니다. 그러나 이런 과정에서 이미 사귀는 사람이 눈치를 채거나 알게 되었을 때 기분 좋은 사람은 없을 것이므로 그런 일이 생기지 않도록 주의를 기울여야 할 것입니다.
 아무리 건전한 만남이었다 할지라도 말입니다. 물론 교제 중에 비윤리적이거나 부도덕한 행위와 같은 책임이 따르는 행동을 해서는 안 된다는 조언을 합니다.

ㄱ. 남녀 공통으로 관찰 가능한 바람기
① 핸드폰을 주시하자: 상대와의 만남에서 핸드폰을 어떻게 사용하는지를 봅니다. 대화하면서 수시로 핸드폰에 집착하거나 신경 쓰지 않는가를 눈여겨봅니다.

 전화가 오면 무시하거나 소리를 무음, 또는 잠금 상태로 해두는 경우입니다. 심지어는 핸드폰을 꺼 놓는다거나 가방에서 꺼내지 않는 경우도 있습니다. 혹은 전화를 사용할 때 나의 눈을 의식해 화장실과 다른 장소로 이동하여 통화하기도 합니다. 편안하게 통화하라고 해도 다른 이유를 대기도 합니다.

② 술 마시고 노는 걸 좋아한다: 탈무드에 술의 기원起源에 대한 재미있는 이야기가 있습니다.

 최초의 인간이 포도나무를 심고 있을 때 악마가 찾아와 동업을 제안합니다. 악마는 양과 사자, 원숭이, 그리고 돼지를 끌고 와 죽이고 그 피를 거름으로 주었다고 합니다. 그래서 처음 마시기 시작할 때는 양처럼 온순하고, 조금 더 마시면 사자처럼 사나워지고, 더 마시면 원숭이처럼 춤추고 노래를 부르며, 더 많이 마시면 토하고 뒹굴면서 돼지처럼 추해진다고 합니다.

 우리가 술을 마셨을 때 평상심을 잃는 것은 알코올의 주성분인 에탄올이 신경세포의 소통을 방해하기 때문입니다. 다시 말해서 에탄올이 신경전달 물질의 이동을 억제하고 신호 억제 물질을 더 많이 통과시키기 때문이라는 것입니다. 이것으로 인하여 집중력과 감정을 조절하는 전두엽이 본래의 기능을 하지 못하게 되고 그러므로 인해 뇌의 활동성이 떨어지고 사회적 두려움이 억제되면서 자제력이 약해지게 된다는 것은 학자들의 연구 결과입니다. 얌전하던 사람도 말이 많아지고, 용감해지고, 춤도 추며 시비도 걸고, 개돼지가 되는 것입니다.

③ 예의가 없거나 거짓말하는 사람: 예의가 없다는 것은 도덕성이 결여 되었다는 것입니다. 예의와 도덕성은 사회생활에서 사람이라면 기본적으로 갖추어야 할 덕목이며 양식입니다. 도덕성이 낮다는 것은 남에 대한 배려가 없고 상대를 존중할 줄 모르면서 자기중심적 사고만 하는 이기적인 사람입니다. 평소 자기의 이익을 우선시하는 성향이 강한 사람으로 볼 수 있습니다.

④ 자기의 정보나 사생활을 노출하지 않는다: 사귀는 이성이 마음에 들거나 좋은 인연으로 생각한다면 나의 친구나 지인에게 알리고 싶은 것이 사람의 심리입니다. 그런데 본인의 사생활이나 자신의 친한 친구와 지인을 오픈하지 않는다는 것은 자신도 상대를 대할 때 정직하지 못하다는 결론입니다. 결혼 상대로 여기지 않거나 잠시 만나고 헤어질 사람으로 생각한다는 것입니다.

⑤ 스킨십이 자연스럽다: 신체접촉이 자연스러운 경우는 가족이나 친한 친구 사이에서나 가능한 것입니다. 다른 동물 세계에서도 동물 가족 구성원끼리 서로 신체접촉을 하는 것을 볼 수 있습니다. 그런 관계가 아닌 경우의 신체접촉은 무례한 것입니다.
교제한 지 오래되지 않았고 가까워지지 않았는데 무리하게 신체접촉을 시도하는 사람은 신중해야 합니다. 빨리 끓는 냄비는 빨리 식는 법입니다.

⑥ 의심하면 대화를 회피하거나 화를 낸다/ 신뢰하지 않고 사사건건 의심한다: 상대의 미심쩍은 부분에 대해 지적하면 사실을 이야기해서 이해시키기보다 먼저 화를 내거나 주제를 바꾸는 식의 방법으로 넘어가려고 합니다. 이는 자신의 잘못을 덮기 이전에 그 잘못조차 인정하지 못하는 경우입니다. 반대로 상대가 타당한 사실을 이야기해주어도 믿지 못하고 오히려 본인이 많은 부정적인 경험으로 상대까지도 의심하는 경우라 할 수 있습니다.

⑦ 연락이 잘 안된다: 통화가 되지 않거나 응답이 문자나 카톡으로 오는 경우입니다. 심지어 문자나 카톡을 보내도 확인하지 않습니다. 상대에 대한 진심이 있다면 연락이 잘 안되거나 소통이 어렵지 않을 것입니다.

ㄴ. 남자의 바람
남성은 생물학적으로 성적인 욕구를 통해 여성을 소유하

려는 본능이 있습니다. 대부분 남성은 여성에게 친절합니다. 여성이 좋아할 만한 행동이나 칭찬 등으로 호감을 얻기 위해 노력합니다.

　사람은 그러나 동물과 달리 감성과 이성이라는 우월한 판단 능력이 있습니다. 이를 통해 지성과 교양을 배우고 익혀 지성인으로 거듭나는 것입니다. 지성인이므로 동물적 욕구를 다스려야만 합니다. 그리고 바람기도 성장환경과도 연관이 있으므로 내면적 관찰 단계에서 그 사람의 인성이 잘 드러난다고 볼 수 있습니다.

① 처음부터 다정하고 호의적이다: 선심을 쓰고 말로서 상대를 높이 띄운다. 이런 과한 행동을 보았을 때 여성은 일시적으로 내게 호감을 얻기 위한 것인가? 교제 상대로서 나에 대해 어떤 진정성을 가지고 대하는 것인지를 신중히 살펴본다.

② 처음부터 자신 주변에 대해 과시하거나 포장하는지를 본다: 본인의 경력이나 배경에 대해 자랑을 일삼고 부풀려 말하는 사람을 경계해야 한다.

③ 갈등이 생겼을 때의 행동을 본다: 교제하다 보면 서로의 의견이 달라 충돌로 갈등이 생길 수 있다. 갈등 상황에 대해 해결하기보다는 상대의 상황에 대해선 이해하지 않고 무작정 내 생각만 옳다고 주장한다. 그냥 대충 넘어가면서 진지한 관계가 아닌 어차피 헤어질 인연으로 생각한다. 서

로의 의견을 청취하면서 미래 방향을 제시하고 해결하려는 태도가 보인다면 진지한 관계로 판단할 수 있다.

ㄷ. 여자의 바람

 여성은 생물학적으로 성적인 욕망보다 관심과 보호받기를 원합니다. 그래서 여성은 육체적인 사랑보다 정신적인 사랑을 원한다고 할 수 있습니다.

 남성의 바람이 순간적인 쾌락에 따른 호기심이라면 여성의 바람은 많은 사람과의 관계를 통해 사랑의 결핍을 채우기 위한 중독성 일수도 있습니다. 이런 중독성은 위험할 수 있으며 지나치게 비도덕적이거나 책임감이 없으므로 모두에게 불신과 불행을 안겨줍니다. 교제 상대남이 알게 되었을 때 상대의 입장은 생각하지 않고 본인은 죄책감 없는 행동을 보입니다. 또 자기 잘못을 합리화하고 남 탓으로 일관하기도 합니다.

① 주량이나 술버릇에 대해 살핀다: 자주 동성 친구와 술자리를 하는지 본다. 혼자서 술을 마시거나 하는 경우는 잘 없기 때문이다.

② 분위기에 잘 휩쓸린다: 혼자만의 시간을 못 견뎌 하며 외로움을 잘 타고 외로움을 술이나 잦은 만남 등으로 해소하고자 한다.

③ 주체적이지 못하다: 상대의 의견이나 권유에 무조건 따

르면서 리드를 당하게 된다. 리드를 당한다는 것은 지조가 없고 쉽게 마음을 빼앗기는 등 관계 중독 일수도 있다.

ㄹ. 바람 안 피는 남자

도덕성이 높고 자존감이 있으며 스스로 시간 갖기를 원한다. 좋아하는 취미를 찾고 즐기며 만족한다. 약속이나 관계를 맺을 때도 내 일과 시간을 우선순위에 둔다.

① 술자리를 자주 갖지 않는다: 우리가 삶에서 만남이나 약속은 불가피하다. 하지만 삶의 중심에 무분별한 교제로 인해 술자리를 갖는 것은 바람직하지 않다.

② 말재주가 없고 재미가 없다: 말은 많이 하게 되면 실수를 하게 되면서 가벼워 보일 수 있다. 말에는 책임이 따르게 되므로 신중할 필요가 있다. 적당한 위트와 경청은 상대에게 편안함을 줄 수 있다.

③ 무심하거나 무관심하다: 질문을 해도 쉽게 대답하지 않거나 짧게 대답한다. 속마음을 잘 드러내지 않는다. 사람은 때로 말로 표현하기보다 행동으로 옮기는 자세가 훨씬 믿음직하다.

④ 일로 인해 바쁘다: 일을 사랑하는 사람은 매사가 성실하고 일속에서 인생의 성취감을 찾는다. 일이 항상 우선이고 바쁜 일상 안에서 삶의 보람을 찾는다.

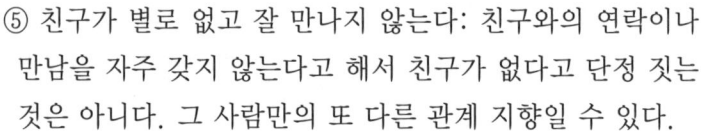

⑤ 친구가 별로 없고 잘 만나지 않는다: 친구와의 연락이나 만남을 자주 갖지 않는다고 해서 친구가 없다고 단정 짓는 것은 아니다. 그 사람만의 또 다른 관계 지향일 수 있다.

ㅁ. 바람 안 피는 여자
① 핸드폰을 개방한다: 핸드폰 사용이 자유롭고 상대를 의식하지 않으며 통화를 위해 자리를 이동하지 않는다.

② 약속을 잘 지키며 상대의 결정을 존중한다: 약속을 어기거나 늦는 경우를 두고 핑계와 이유를 말하지 않는다. 항상 시간을 잘 지키며 상대의 의견을 먼저 존중한 다음 내 의견을 말한다.

③ 함께 보내는 시간이 길다: 데이트할 때 다음 약속이 있다거나 데이트 시간을 짧게 정하지 않으며 모든 과정을 형식적으로 보내지 않는다. 서로 상대에게 집중하며 진지하면서 성의와 정성을 다한다.

④ 만나는 장소가 다양하다: 같이 의논하여 다양한 장소나 여행지를 정했을 때 서로 따라주고 동행할 때 둘 사이의 관계가 좋아진다.

⑤ 작고 사소한 배려에 감동한다: 백송이 장미꽃보다 들꽃 한 송이라도 마음이 담겼다면 감동은 크다. 솔선수범하는 작은 행동 하나하나에 진정성이 담길때 마음이 움직인다.

⑥ 왜 나를 좋아하는지를 물어보라: 신체의 한 부분이나 외모에 대한 기준으로 표현하기보다 상대에게서 받은 느낌이나 장점을 솔직하게 말했을 때 신뢰한다.

나. 진실하지 못한 사람

 사람과의 관계를 통해 인간관계를 맺게 되는데 가장 기초가 되는 것이 상대에 대한 믿음입니다. 상대에 대한 믿음은 어떻게 형성될까요? 상대에 대한 믿음은 진실한 마음입니다. 진실한 사람으로 보이는 보편적인 특징이 있습니다. 정직하다, 순수하다, 겸손하다, 친절하다, 거래가 정확하다, 다른 사람을 존중한다, 올바르게 행동한다, 겉과 속이 다르지 않다, 거짓말을 하지 않는다, 약속을 잘 지킨다, 잘못을 시인하는 사람, 남을 배려하는 사람 등이 있습니다.

 이 중에서 필자는 거짓말과 약속을 통해 진실한 사람인지 아닌지를 관찰해 봅니다. 사람은 말로써 서로의 생각과 의사를 전달하고 소통합니다. 말이란 것은 말 자체가 곧, 그 말을 사용하는 주체들 간의 약속입니다. 또 사람과 사람이 만나 서로 인간관계를 형성하는 데 있어 그 매개체 역할을 하는 것이 말입니다. 거짓말과 약속도 말로써 이루어집니다. 그러므로 상대가 하는 말을 신뢰할 수 없을 때 상대에 대한 믿음도 무너져 내립니다. 마주하고 있는 이성이 진실한 사람인지를 관찰하는 일은 매우 중요한 요소라 할 수 있습니다.

① 거짓말하는 사람에 대한 관찰: 사람은 생각하는 동물입니다. 어떤 행동을 하기 이전에 생각하고 그 생각이 행동으로 나타나는 것입니다. 마음속의 감정의 상태도 본인이 의도하지 않았지만, 심리적 영향에 의해 나타나게 되는 그 사람의 신체 행동과 얼굴을 통해 읽을 수 있습니다. 주로 몸짓과 손의 움직임, 그리고 얼굴을 통해 그 징후를 관찰할 수 있습니다.

마주 보고 대화하는 상대의 자세가 흐트러지거나 뒤로 물러나는 행동을 보인다면 상대가 당당하지 못한 심리상태를 반영하는 것이라 할 수 있습니다. 손이나 팔로 제스처를 크게 해서 분위기 전환을 시도하는 것은 듣는 상대에게 혼란을 주기 위한 것일 수도 있습니다.

대화 중인데 다른 곳에 가서 이야기하고자 한다면 현재의 긴장 상태나 압박감에서 벗어나고 순간을 모면하려는 심리로 볼 수 있습니다. 그리고 이동을 통해 생각할 시간을 갖기 위함이기도 합니다. 대화의 주제를 바꾸거나 피하려고 한다면 진실을 회피하려는 태도로 볼 수 있습니다.

눈 맞춤을 회피한다는 것은 평소에는 누구하고도 눈을 잘 맞추지만 유독 상대와 눈 맞춤은 피할 수도 있습니다. 눈을 깜빡인다는 것은 숨겨진 감정과 관련이 있을 가능성이 있습니다. 눈병이 있는 것도 아니고 평상시 그러지 않은 사람이 이런 모습을 보인다면 징후로 볼 필요가 있습니

다. 과거에 말한 내용과 바뀌거나 표정과 감정이 일치하지 않는다면 의심해 보아야 합니다.

 웃고 있지만 몸짓과 행동이 슬퍼 보이거나 반대로 울고 있지만 몸짓과 행동이 슬퍼 보이지 않을 수도 있습니다. 얼굴을 마주 보고 대화할 때 목소리가 높아지거나 머뭇거린다면 거짓말을 하고 있다고 의심해 보아야 합니다. 반대로 목소리가 작아지거나 말끝이 약해지고 끝맺음이 분명하지 않은 태도를 보이기도 합니다.

 거짓말 하면 말을 멈추는 시간이 길어지는데 이것은 신중하게 생각하는 시간이 필요하기 때문입니다. 자신이 해야 할 말을 신중하게 생각하고 검토하면서 매우 정확하고 분명하게 말을 하려고 합니다. 거짓된 진실을 상대에게 진실로 가장하여 주입 시키려 할 때 말이 빨라지고 목소리에 힘을 주거나 점점 커진다면 사람은 생리적인 동물이므로 얼굴색이 빨리 변하는 것으로 이를 거짓된 말로 판단할 수 있습니다. 피부가 붉어진다거나 힘줄이 세게 돋아 오른 경우입니다. 그렇다고 해도 이런 언행을 모두 거짓으로 판단하는 것은 위험합니다.

 목소리에 감정이 들어 있지 않다고 해서 정직하지 않다고 판단할 수도 할 수 없습니다. 따라서 이런 요소들을 잘 관찰해서 종합적으로 판단하는 신중함이 요구됩니다.

4장 결혼상대 판단 방법 103

② 약속을 지키지 않는 사람: 진실한 사람을 판단하는 데 있어 매우 중요한 요소이며 살아가는 데 있어서 약속은 많은 부분을 차지합니다. 그래서 무엇보다 약속을 잘 지키는 사람은 상대로부터 존중받고 품위가 있는 사람입니다.

- 자기중심적이고 이기적인 사람으로 보아야 한다: 약속은 상대방과 하는 것입니다. 상대와 한 약속을 지키지 않는다면 상대를 배려하지 않는 사람, 나만 생각하고 자기 입장만을 우선으로 여기는 사람입니다.

- 거짓말을 잘하는 사람일 수 있다: 자기가 한 약속을 못 지켰으므로 그에 따른 이유를 대거나 변명해야 하는데 대부분 거짓말로 임시처방을 하게 됩니다. 이럴때 변명과 이유에 대해 즉시 수용하기 보다 시간을 두고 관찰이 필요합니다.

- 약속을 가볍게 여기는 사람일 수 있다: 세상의 모든 시스템은 약속으로 이루어져 있다고 해도 과언이 아닙니다. 약속을 가볍게 여기는 사람은 세상의 시스템과 맞지 않는 사람이면서 사회성은 물론 인간관계를 맺기에 자격이 부족하다고 할 수 있습니다. 약속도 쉽게 하고 못 지키면 사과도 쉽게 하는 사람입니다. 약속을 가볍게 여기는 사람인가 아닌지를 검정해 보는 방법으로 우선 상대가 지키기 어려운 약속을 제안해 봅니다. 내가 제안한 어려운 약속에 대해 이를 거부할 때는 다른 방법으로 약속을 변경하거나

수정하고자 의논한다면 약속을 가볍게 여기지 않는 사람으로 판단 할 수 있습니다. 지키기 어려운 약속도 지켰다면 상대가 그만큼 나에 대한 호감이 크다는 의미로 볼 수 있습니다. 제안한 약속을 막상 앞에서는 지킬 듯이 쉽게 대답하고 이를 못 지켰다면 평소 약속을 가볍게 여기는 사람입니다. 지금 만나는 이성은 약속을 잘 지키는 사람인가를 잘 관찰해 봅니다.

다. 청소하지 않거나 정리가 되지 않는 사람

사람이 살아가면서 매일 해야 하는 일 중 하나가 청소와 정리정돈입니다. 항상 주변이 깨끗하게 정돈되어 있으면 주위가 쾌적하고 상쾌해집니다. 정리 정돈하는 습관은 매우 중요합니다. 이런 습관이 몸에 밴 사람은 준비된 미래의 비전을 보여주고 성공을 암시하는 의미입니다.
다음은 청소가 되어 있지 않은 방이 뇌에 미치는 영향에 대해 알아봅니다.

**일부분 자료와 유튜브를 참조하였음을 밝힙니다.
① 뇌의 피로와 휴식을 방해합니다
　방이 어지러우면 시야에 많은 것들이 들어오는데 정리되지 않은 물건과 쓰레기 등 눈에 많은 것들이 들어오면 우리의 시각과 피질을 자극합니다. 그렇게 되면 뇌는 무의식적으로 눈에 들어오는 것들을 해석하게 됩니다. 우리 뇌는 본능적으로 해석하게 되어 있습니다. 뇌는 생각보다 복잡

한 과정을 거치게 됩니다. 우선 후두엽에 위치한 시각 피질을 자극하고 기억영역과 전두엽을 오가며 본 것들을 해석합니다. 또 뇌의 깊은 곳에 위치한 시상에서는 중요하지 않은 것을 걸러내는 필터링 역할을 합니다. 우리 뇌에서 복잡한 과정을 계속 만들게 함으로써 휴식을 취해야 하는 잠에서도 휴식을 취하지 못하게 됩니다.

② 일상에서의 집중력 저하

우리 뇌가 하루에 내릴 수 있는 합리적인 의사결정의 횟수가 정해져 있습니다. 공부에 집중하거나 문제를 해결할 수 있는 집중력은 배터리처럼 한정된 용량을 가지고 있습니다. 뇌 활동 중 가장 많은 에너지를 소모하는 활동은 의사결정입니다. 일상에서 일어나는 수많은 판단과 결정은 우리 뇌의 엄청난 에너지를 소비하게 만듭니다. 생산적이고 더 합리적인 결정을 하기 위해선 우리 일상에서의 사소한 의사결정 횟수를 줄이는 것이 중요합니다.

해결하지 않은 의사결정은 우리 머릿속에 남아 계속 뇌의 피로를 높이게 됩니다. 청소나 정리를 하게 되면 뇌의 각성 수준이 높아지고 높아진 각성 수준은 우리의 의식을 맑게 해주게 됩니다. 방에는 거주자의 마음이 담겨 있습니다. 방을 보면 미래비전이 보입니다. 교제 중에 공공장소에서 음식점에서, 식사 후 떠나기 전 어떻게 정리하고 떠나는지를 통해 상대의 도덕적인 인성을 관찰해 볼 수 있습니다.

라. 중독성이 있는 사람

 삶에서 재미에 대해 생각하는 시간을 가져 봅니다. 재미 자체에 대해 부정적이거나 싫어할 사람은 거의 없을 듯합니다. 재미는 삶에 활력과 즐거움을 주고 웃음과 함께 행복감도 느끼게 해줍니다. 살면서 재미를 유발하는 일이나 행위는 다양하게 많이 있습니다. 장기적으로 나에게 또는 우리 삶에 유익을 주는 재미를 선택하는 것은 바람직하며 이를 위한 지혜도 필요합니다. 다시 말해서 일상의 즐거움을 주는 재미에 관해서 우리는 신중함, 즉 명분을 생각해야 합니다.

 우선 눈앞의 이익이나 쾌락만을 추구하면서 타인에게 피해를 주거나 후일 나의 삶에 부정적인 영향이 되어서는 안 될 것입니다. 또 반복적인 재미의 뒤에는 중독이라는 함정의 유혹이 기다리고 있습니다. 반복된 재미, 그 후에 빠지게 되는 함정의 중독, 그 후에 맞이하게 되는 운명! 중독은 나의 삶은 물론 사랑하는 가족의 삶, 가정의 평화로운 삶마저 망가트리고 앗아갑니다.

 결혼 전에 잘 관찰해야 하고 피해 가야 할 유형 중 중독성이 있는 사람에 대해 알아봅니다.

 ① 술 중독: 친구나 지인들과의 술자리에서 음주 태도를 관찰합니다. 스스로 주량을 알고 절제하는 자제력이 있는가를 봅니다. 음주 후의 실수나 후유증은 없는지를 관찰합니

다. 주 또는 월 몇 회의 술자리를 가지는가를 봅니다.

② 담배: 이성 상대가 흡연하고 있다면 본인이나 가족을 위해서 금연을 하도록 해야 합니다. 결혼 후 출산했을 때 천사 같은 소중한 자녀가 백해무익한 환경에 노출되게 해서는 안 될 것입니다. 결혼을 생각한 이성의 상대가 흡연한다면 사랑하는 가족의 건강을 위해서 금연의 결심을 통해 상대의 결혼에 대한 의지를 확인해 볼 수 있습니다.

③ 도박 중독: 사행성 도박이나 게임의 중독에 대해서도 관찰이 필요합니다. 좋아하는 것 중에 게임이 있다면 어느 정도인지 알아보고 함께 게임을 위해 PC방에서 관찰하는 방법도 있습니다.

④ 그 외 성인물 중독, 낚시 중독: 주/월 몇 회, 비용과 시간, 모임이나 단체가 있는지 확인해 봅니다. 결혼 생활에 영향을 미칠 만큼 중독성이 있는지 봅니다.

2. 경제적인 면

가. 경제 관념이 없는 사람

이성을 만나 새로운 가정을 꾸리고 결혼 생활을 유지하는 데 있어 중요한 것 중의 하나는 생활수단, 즉 돈이라고 할 수 있습니다. 돈은 살아가기 위한 목적이 될 수는 없지만 생을 다하는 그 순간까지 매우 중요한 의식주는 물론 삶의 수단이 되어 줍니다. 결혼해서 가정을 갖게 되면 부부가 함께 힘을 모아 곧 태어날 자녀의 양육과 가족의 따뜻한 보금자리가 되어 줄 내집마련 계획도 세워야 합니다. 위에서도 언급했지만 결혼한 부부에게 경제력은 원만한 가정을 이루기 위해서 필수적인 부분이라 할 수 있습니다.

 현재 만나고 있는 이성 상대의 경제 관념 상태를 알아봅니다. 성인이 되기 전에는 부모의 보살핌 속에서 자랐기에 세상 물정에 대해 무지했다 할 수 있습니다. 그러나 성인이 되었다는 것은 정신적으로 육체적으로 성장을 이루었으므로 스스로 독립하고 자립할 수 있음을 의미합니다.

 아직은 세상을 향해 나가 무엇인가를 시작하고 시도했을 때 많은 경험이 부족하기에 모든 면에 있어 서툴고 배워야 할 것이 많습니다. 특히 생존과 직결되는 경제 관념에 대해 잘 살펴보아야 합니다. 모르거나 부족한 지식은 배움을 통해 채울 수 있습니다. 그러나 잘못된 경제 관념은 성장 과정에서 몸에 밴 생활 습관이기에 고치기가 쉽지 않다고 할 수 있습니다. 모르는 이성 상대의 경제 관념을 관찰하고 판단해 볼 수 있는 방법을 알아봅니다.

 첫째, 부모의 경제관을 통해 이성의 경제 관념을 관찰하고 예상해 볼 수 있습니다. 3장의 결혼 상대 관찰하는 방법 중 내면적 관찰을 참고하면 됩니다.

둘째, 저축하는 습관에 대해 살펴봅니다. 현재 모아놓은 돈도 중요하지만 꾸준히 저축하는 습관을 봅니다. 현재 비축된 자산에 대해선 스스로 노력한 결과에 의한 것인지 가족으로부터 도움받은 것인지를 알아볼 필요도 있습니다.

들어오는 수입에 대해 어떻게 관리하고 올바른 저축 습관을 몸에 지니고 있는가를 봅니다. 저축하고 남은 돈을 쓰는가? 소비하고 남은 돈을 저축하는지를 봅니다. 월급의 몇 %를 저축하는가를 봅니다. 저축해 놓은 통장을 공개할 수 있는지 물어봅니다. 저축은 나의 미래의 삶을 위해 준비하는 나만의 보험과 같다고 할 수 있습니다.

셋째, 소비하는 습관을 봅니다. 월 소비하는 금액을 알아보고 어떤 곳에 어떻게 소비하는가를 봅니다. 가계부를 작성한다면 좋은 소비 습관을 가진 사람이라고 볼 수 있습니다.

*아래 내용은 독자의 이해를 돕기 위해
일부 인터넷 자료를 인용 정리하였습니다

합리적인 소비와 비합리적인 소비에 대해 알아봅니다. 합리적인 소비를 위해서는 개인적인 노력이 필요합니다. 합리적인 소비의 4단계를 통해 비합리적인 소비의 유혹을 뿌리칠 수 있습니다.

1단계: 꼭 필요한 물건과 쓸 수 있는 금액을 생각하고 구매할 상품의 종류를 결정해야 합니다.
2단계: 후보 상품들의 품질과 서비스, 가격정보를 탐색한 후 탐색한 정보를 바탕으로 최적의 상품을 선택합니다.
3단계: 현금이나 카드, 할인쿠폰, 멤버십 포인트 등 효율적인 방법으로 결제하고 영수증과 보증서를 보관합니다.
4단계: 구매날짜, 가격, 만족도 후기를 기록하고 가계부를 작성합니다.

비합리적 소비자란 자신의 자산이나 소득을 생각하지 않거나 제품의 비용이나 만족감을 신중하게 고려하지 않은 무분별한 소비를 말합니다. 비합리적 소비의 4가지 유형에 대해 알아봅니다.

1단계: 과소비란 자산이나 소득에 비해 소비가 지나치게 많은 것을 의미합니다. 이러한 과소비는 꼭 필요한 것을 구매하지 못하게 만드는 원인으로 개개인의 지출 능력을 감소시킴으로 인해 가계경제를 어렵게 만들고 사회적으로는 물가 상승의 원인이 될 수 있습니다.
2단계: 충동 소비란 구체적인 구매계획 없이 충동적으로 구매하는 소비를 말합니다. 순간적인 구매 욕구를 참지 못하고 충동 소비하면 필요하지도 않은 물건을 사고 후회하게 됩니다. 이러한 충동 소비를 막기 위해서는 합리적인 구매 계획을 세우면 도움이 됩니다.
· 내게 정말 필요한 것일까?

· 제품의 가격은 적절한 편인가?
· 다른 대안으로는 무엇이 있을까?
· 어떤 방법으로 지불할 것인가?
3단계: 과시 소비란 남들에게 보여주기 위해 또는 자신의 허영심을 채우기 위해 소비하는 것을 말합니다. 즉 과시 소비는 소비수준이 그 사람의 가치를 대변한다고 믿기 때문에 나타나는 현상으로 과소비로 이어지는 지름길이 됩니다.
4단계: 모방 소비란 유행이나 타인의 소비를 맹목적으로 따라 하는 소비를 말합니다. 제품의 가격이나 품질보다는 다른 사람이 구매했다는 사실에 영향을 많이 받기 때문에 생깁니다. 주로 상대적으로 유행에 민감한 청소년들에게서 많이 볼 수 있는 현상입니다.

**인터넷 네이버 자료 참고

넷째, 신용카드 사용 여부에 따라 신용도를 확인합니다. 일반적인 모든 소비의 결제 수단으로 신용카드가 이용되지만 자칫 신용카드의 남발은 수시로 손쉽게 사용할 수 있다는 단점이 있어 수입보다 가계지출을 높이게 됩니다. 이를 과도하게 사용함으로 인해 신용의 문제가 생길 수 있으므로 주의해야 합니다.

나. 돈을 요구하는 사람

세상에는 많은 사람이 어울려 살아가고 있습니다. 늘어나는 사람들만큼 과거보다 세월이 갈수록 더 많은 문제가 일어나고 있습니다. 이러한 문제 발생의 본질은 생존과 직결된 문제라고 할 수 있습니다. 그래서 인간관계에서 생기는 문제나 사회 범죄 원인의 대부분도 경제문제, 돈과 관련되었다고 할 수 있습니다.

이성 교제할 때 돈과 관련된 부분에 대해서 특히 잘 살펴보아야 합니다. 서로가 만남과 교제의 시간을 통해 어느 정도 애정이 생겼을 때 돈을 요구받는 경우가 있습니다. 그럴듯한 이유를 대면서 빌려주면 빨리 갚겠다고 말합니다. 이성 상대의 어느 쪽이 되었건 일어나서는 안 될 상황이라고 할 수 있습니다. 이런 요구를 받았을 때 머릿속으로 이렇게 생각해야 합니다. "이것이 당신의 목적이었구나!", "헤어질 준비를 하자" 인간관계에서 돈거래로 인해 happy ending(해피엔딩)으로 결말이 난 경우는 매우 드물다 할 수 있습니다.

가족 간에도 친구 사이에서도 마찬가지입니다. 가까운 사이일수록 해서는 안 되는 일이 돈거래입니다. 정말 거절하지 못할 사이라면 거래가 아니라 능력 범위 내에서 돌려받는다는 마음을 비우고 도와주면 현명한 대처가 될 것입니다.
　서로가 만남의 시간을 통해 아름다운 사랑의 결실을 만들어 가면서 돈 이야기를 하는 사람은 도덕적으로 예의가 없는 사람이라 할 수 있습니다. 그러면 돈을 요구하는 사람은 어떤 생각을 했을까요?

– 처음부터 돈을 요구할 목적으로 만났다.

- 기본적으로 생각과 예의가 없는 사람이다.
- 목적을 위해...

　반대로 요구받은 상대는 애정이 있기에 심리적으로 얼마나 힘이 들까요? 이런 상황에서 이성적 판단이 흔들리게 됩니다. 왜! 사랑하는 상대를 힘들게 하나요? 정녕 상대를 사랑한다면 내가 이런 말을 하면 상대가 실망하지 않을까? 그리고 설령 어려운 상황이라 할지라도 나의 자존심을 생각해서 말하지 않는 것이 정상입니다.

　평소 이성 관계뿐만 아니라 어떤 인간관계에서도 돈거래에 대해 단호하게 거절하는 방법에 대해 알아봅니다. 돈 요구를 받았을 때를 대비해 거절하는 자기최면을 걸어 놓아야 합니다. 심성이 착하고 여려서 또는 귀가 얇아서 넘어가거나 어려운 부탁을 잘 거절하지 못하는 사람들이 있습니다.
　"빌려줄 돈이 없다."라고 스스로 말을 하면서 머릿속에 입력해놓아야 합니다. 상대가 사정 이야기하더라도 자연스럽게 빌려줄 돈이 없다고 바로 대답이 나오도록 충분히 자기최면으로 무장이 되어 있어야 합니다. 만약 상대의 돈 요구에 응했을 때 피해를 보게 되는 경우가 있습니다.

- 갚겠다는 날짜에 안 갚고 다른 이유나 핑계를 댄다.
- 갚는 날짜에 약속을 지키고 재차 또 요구한다.
- 빌린 사람이 또 빌리고 빌려준 사람이 또 빌려준다!

3. 인격적인 면

가. 목소리가 큰 사람

상대와 대화하면서 상대의 감정의 상태나 성격도 읽을 수 있습니다. 사람 중에는 목소리가 큰 사람이 있습니다. 목소리의 크기는 사람마다 차이가 있고 정말 다양하다 할 수 있습니다. 목소리 크기에는 표준이 있는 것은 아닙니다.

상대와 의사소통하는 데 있어 서로 주고받는 음성으로 가능하면 되는 것입니다. 이런 대화의 음성 가운데 큰 목소리를 가진 사람이 있습니다. 소리를 크게 내는 사람의 특징에는 여러 가지 요인이 있을 수 있습니다. 귀의 질환, 성장환경의 영향, 화가 많은 사람일 수도 있습니다.

조용한 음성보다는 큰 음성이 부정적인 요소가 많다고 할 수 있습니다. 큰 목소리는 분위기를 어지럽게 하거나 상대를 놀라게 하거나 불쾌감을 유발할 수도 있습니다. 상대의 목소리가 큰 사람이라면 쉽게 화를 잘 내는 사람은 아닌지 살펴보아야 합니다.

나. 화를 잘 내는 사람

화를 잘 내는 사람이 있습니다. 火(불)화는 禍(재앙)화를 부르게 됩니다. 알고 보면 화는 자기 스스로 내는 것입니다. 남이 나를 화나게 했다고 말합니다. 이는 화의 원인을 남 탓으로 돌리는 것입니다. 상대의 언행에 따라 감정조절이 잘 안되고 자기의 판단과 성격 그대로를 드러내면서 화내는 것을 말합니다. 평소 화를 잘 내는 사람은 결국 상대 때문에 화를 냈다고 착각하는 것입니다. 이것은 상대를 탓하는 나쁜 습관입니다. 설령 상대가 나의 필요 이상으로 비위를 건드릴지라도 내가 화를 내지 않으면 화내지 않는 사람이 되는 것입니다. 화를 냄으로 인해 나의 기분을 나쁘게 하고 상대의 기분도 상하게 만듭니다.

 나에게 도움이 되는 경우보다는 손해가 되는 경우가 많습니다. 살아가다 보면 관계 속에서 우리는 수많은 부딪침이나 의견충돌을 겪곤 합니다. 소통이 불통이 되고 하다 보면 화를 내게 되는 상황도 생기게 됩니다. 그런데 이런 상황에서도 대화로 차근차근 풀기를 원하는 사람이 있는가 하면 대부분 사람은 자기감정을 앞세워 언성부터 높이기도 합니다. 그렇게 화내지 않고 해결할 수 있는 일도 화부터 내는 사람이 있습니다. 화내는 것도 습관입니다.

 다. 폭력적인 사람

 폭력성이 있는 사람인지 살펴봅니다. 한자의 의미로는 暴(사납다), 力(힘)이라고 표현합니다. 짐승처럼 아주 사납게 행동하는 사람을 뜻합니다. 무서운 사람입니다. 폭력을 쓰는 사람은 세상에서 없어져야 할 대상입니다. 폭력은 세상의 평화를 빼앗아 갑니다. 인간관계에서 서로 대화로 조율하고 의견충돌이 생겼을 때 타협으로 서로의 절충점을 찾아야 합니다. 내 뜻대로 되지 않거나 거부당했을 때 폭력을 행사하고 폭력으로 제압해서 나의 뜻을 관철하려는 태도는 잘못된 방법입니다. 내가 좋아하게 되는 사람, 사귀게 될 이성의 상대가 폭력성이 있는 사람인지 먼저 알아보아야 합니다. 인생 경험이 부족한 젊은이들은 모든 사람에 대해 순수한 마음으로 의심 없이 "나와 같을 것이다."라는 생각으로 평범하게 대하게 됩니다. 이런 마음으로 폭력성을 잘 살피지 않고 사귀게 되어 정이 들고 결혼까지 하게 된 상황에서 폭력을 경험하게 된다면 끔찍한 상황이 될 수 있습니다.

사람을 의심한다는 것은 유쾌한 일이 아닙니다. 그러나 결혼이라는 인생에서 가장 크고 중요한 가치를 생각할 때 신중해야 하고 행복한 결혼 생활의 걸림돌이 될 폭력성의 징후를 미리 확인하는 것은 당연하다 할 수 있습니다. 폭력적인 사람의 특징은 아래와 같습니다.

① 자존심이 강하다: 자존심이 강해서 조롱이나 놀림을 당하는 것을 지나치게 싫어합니다. 설령 농담이라 할지라도 농담으로 받아들이지 못하고 쉽게 화를 내는 모습을 보입니다. 아랫사람에게는 거만한 태도를 보입니다. 자신이 옳다고 생각하고 있으므로 자존심에 상처받으면 분노를 나타냅니다.

② 감정의 변화가 심하다: 기분이 즐겁다가도 갑자기 나빠지는 모습을 보이는 경우가 나타납니다. 감정의 기복이 심한 사람은 폭력성이 있으며 이는 스스로 기분 제어가 되지 않아서 폭언이나 폭력으로 나타날 수가 있습니다.

③ 사소한 일에도 분노나 화를 낸다: 별일 아닌 사소한 언쟁만으로도 벽을 치거나 물건을 던지는 등 폭력성을 보입니다. 쉽게 분노를 표출하는 것은 자기 안의 불안과 스스로 분노가 제어되지 않아서입니다.

대부분은 성장환경에서 나타날 수가 있습니다. 성장 과정에서 부모로부터 폭력을 당한 경험이 있거나 잘못된 사회 인식의 문제도 원인이 될 수 있고 건강하지 못한 집단생활에 빠진 경우로부터 오는 정신적인 트라우마가 원인일 수도 있습니다.

④ 늑대의 인성으로 순한 양의 탈을 쓰고 있다: 사귀기 전에는 매우 친절하고 상냥하며, 예의 바른 모습을 보입니다. 상대를 잘 배려하고 챙겨줄 때, "이런 사람이 또 있을까?" 싶을 정도로 마음을 끌리게 합니다. 의심해 보아야 하고 상대의 주변 친구나 지인들을 통해 폭력성의 징후를 살펴보아야 합니다.

⑤ 주변인들에게 좋은 이미지를 갖고 있다: 밖에서는 특히 회사나 친구 사이에서 평판이 좋은 특징을 나타냅니다. 그러나 집에서는 이 좋은 성격이 돌변하는 경우입니다. 가족을 상대로 화풀이하거나 불평불만의 감정을 드러내는 이중성을 보이게 됩니다. 이는 회사나 집 밖에서의 쌓인 스트레스를 집에서 해소하는 것입니다.

라. 집착하는 사람

 지나치게 집착하는 사람이 있습니다. 집착의 의미를 한자를 통해 알아봅니다. 집착은 잡을 執(집)과 붙을 着(착)자로 잡거나 붙어 있는 것을 말합니다. 즉 이 뜻은 소유를 의미합니다. 소유는 물건에 한해서만 가능한 것입니다. 우리가 24시간 소유하고 있는 핸드폰을 생각할 수 있습니다. 사람은 개개인의 인격체입니다. 누구나 태어나면서부터 인권을 갖습니다.

 집착의 원인은 어디에서 비롯되는 것일까요? 애정결핍에서 원인을 찾을 수 있습니다. 성장 과정에서 부모로부터 건강하게 양육 받지 못한 사랑의 결핍이 매우 크다고 할 수 있습니다. 주된 원인은 어릴 때 부모의 잦은 부부싸움, 부모의 외도, 부모의 이혼 등으로 겪었을 심리적 충격으로 인해 갖게 된 상처가 크다고 볼 수 있습니다. 그 외 학교나 집단생활에서의 따돌림이 결핍의 원인일 경우가 많습니다.

 집착은 사랑이 아닙니다. 집착하는 당사자는 사랑이라고 착각할 수도 있습니다. 집착하는 사람은 불안이나 두려움, 그리고 사랑의 결핍을 채우기 위해 당신을 이용하는 것일 뿐, 또 자신이 사랑받고 있다는 것을 확인하고 싶어 합니다. 집착하는 사람은 자신의 집착을 정당화시키기 위해 당신을 걱정합니다. 내 곁을 떠날까? 자신을 버릴까? 하는 불안감에서 집착은 비롯됩니다. 자신이 어디에 누구와 있고 무엇을 하고 있는지, 어떤 대화를 나누는지까지 알려 주어야 합니다. 당신을 한 개인의 주체로서 사랑하는 것이 아닌 소유물로 당신을 보는 것입니다. 다른 사람에게 당신을 빼앗길까 두려워하는 마음에서 다양한 행동을 보이게 됩니다.

 시기 질투는 물론이고 미움과 증오로 자신을 자학하고 괴롭히게 됩니다. 상대가 자신에게 일거수일투족을 알렸을 때 걱정이 없어지고 집착이 사라질 것이라 생각할 수도 있습니다. 그러나 그럴수록 더욱 정도가 심해질 수 있습니다. 왜냐하면 집착은 하나의 정신질환으로 의심해 볼 수 있기 때문에 요구에 응할수록 더 많은 요구가 이어집니다.

 집착은 당신의 잘못이 아닌 상대의 불안감입니다. 집착은 쉽게 해소될 수 없으므로 전문가의 상담을 받거나 적당한 치료가 필요합니다. 결혼 후에는 의처증이나 의부증으로 나타날 수도 있습니다. 의처증이나 의부증 증세를 보이는 사람 중에는 본인의 외도와 경험으로 상대를 의심하는 경우도 있습니다.

 마. 마마보이, 마마걸

 교제의 상대가 마마보이 혹은 마마걸은 아닌지 살펴봅니다. 사전적 풀이로는 어려서부터 부모님의 지나친 보호 속에서 자라나 매사에 줏대가 없고 의존적이며 나약한 남자 여자를 통속적으로 이르는 말로 정의하고 있습니다. 성인은 되었지만, 정신적인 독립이 되어 있지 않은 사람들이 있습니다.

이런 사람들을 마마보이, 마마걸이라고 합니다. 부모들이 어릴 때부터 과잉보호하고 양육하던 습관을 버리지 못하고 아이가 성인으로 성장했음에도 양육하던 습관을 그대로 유지하는 상태라고 할 수 있습니다. 이것은 부모들의 잘못된 양육 방법이라 할 수 있습니다.

 사람은 태어나서 성장하는 나이에 맞게 신체적인 성장과 정신적인 성숙이 함께 이루어집니다. 아이를 양육하는 부모로서 성장하는 아이의 나이에 맞게 양육해야 하고 아이가 성인이 되었을 때 스스로 독립하고 자립할 수 있도록 양육되어야 합니다. 하지만 아직도 어린아이를 보살피듯 하나부터 열까지 모두 해결해 준다면 성장 후에도 부모로부터 자립은 쉽지 않습니다. 부모의 잘못된 양육에 대한 인식으로 자녀의 인생에 걸림돌을 놓는 결과가 될 수 있습니다.

 이성이 만나 결혼하고 부부로서 가정을 이루었으면 살아가면서 겪게 되는 인생의 생사고락을 함께 헤쳐 나가야 합니다. 함께 헤쳐 나간다는 의미는 독립된 한 가정의 주체로서 양가 부모로부터 완전한 독립이라는 뜻입니다.
 결혼을 했다는 것은 서로 다른 환경에서 태어나고 자랐던 과거와 다르게 부모로부터 완전한 독립체로서 부부가 함께 살게 된다는 의미입니다. 낯선 생활이 주어지고 새로운 삶의 공간이 마련된다는 것입니다. 여기서 한 가정의 부부로서의 생활에서 생길 수 있는 의견충돌이나 갈등을 예상해 볼 수 있습니다. 서로가 부족하고 장, 단점을 가진 존재이기에 사랑으로 양보와 배려, 그리고 대화와 타협을 통해 스스로 부부 사이의 갈등을 슬기롭게 해결하는 지혜가 필요합니다.

【마마보이, 마마걸들의 특징】
- 주관이 없고 문제해결 능력이 없다: 어떤 문제를 두고 스스로 판단하고 해결할 능력이 없습니다. 과정을 거들떠보지도 않으며 부모에게 도움을 청함은 물론 문제 자체를 완전히 떠넘깁니다. 부모가 해결해 준 결과에 대해 매우 만족합니다. 문제 앞에서 단순히 관망만 하고 스스로 맡겨졌을 땐 불안과 두려움부터 먼저 나타냅니다.

- 부모님의 뜻에 무조건 따른다: 상대와 만나고 있을 때, 중요한 상황에서나 여행 중이라도 부모의 부탁이나 요구가 있다면 무조건 따르고 어떤 경우에는 모든 것을 젖히고 당장 돌아갈 태도를 취하기도 합니다. 매사에 이성 상대보다 부모의 뜻에 치중하는 모습을 보이며 정신적인 독립이 되어 있지않아 결혼 준비가 전혀 되지 않은 사람입니다.

- 자기중심적이면서 자기애가 강하다: 사춘기,청소년기에 맞게 양육이 이루어졌어야 함에도 어린아이에게 했던 방식으로 끊임없이 사랑받았다면 자기애도 아이 때부터 벗어나지 못하고 자기 애착이 심하여 이기적인 모습을 보입니다. 외양적으로는 명랑하고 밝은 모습을 보이지만 자아는 성숙하지 못한 경우입니다.

- 상대의 고민에 관심을 가지지 않는다: 자신의 모든 것은 부모에게 의존하고 해결해 왔기 때문에 남의 고민이나 어려움에 대해 인지할 줄 모른다. 하물며 해결 능력 공감 능력은 제로다.

- 사회적으로는 모범생으로 보인다: 부모님의 지시나 뜻에 잘 따라 성장했으므로 사회에 반하는 행동은 하지 않으므로 부모에게 실망을 주지 않으려는 심리 때문에 공부나 직업은 안정적이며 무난해 보인다.

결혼 상대로 적합한 사람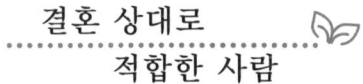

1. 처음부터 끝까지 한결같은 사람

 사람은 감정의 동물입니다. 감정이란, 어떤 현상이나 일에 대하여 일어나는 마음이나 느끼는 기분을 말합니다. 우리가 세상을 살아가다 보면 외부의 환경적인 원인으로나 내면의 심리적인 원인으로 기분이 좋아지기도 하고 나빠지기도 합니다. 이렇게 일어나는 기분의 상태를 때와 장소에 따라 스스로 이성적 판단에 의해 제어되고 조절할 수 있어야 합니다. 이런 감정조절이 잘 안된다면 인간관계가 지속되기 어렵다고 할 수 있습니다.

 같은 길을 걷는 인생의 동반자로서, 인생의 영원한 친구로서의 삶을 살아야 하는 반려자를 선택하는 데 있어 처음과 같이 끝까지 서로 공감이 잘 되는 상대를 만나야 합니다. 자기가 기분이 좋을 때는 잘 대해주다가 시간이 지나 사랑이 식고 자기 기분이 나쁘다고 쉽게 짜증을 내거나 화풀이하는 사람들이 있습니다. 만난 지 얼마 되지 않았음에도 빨리 뜨겁게 타오르는 사랑은 빨리 식기 쉽습니다.

처음에는 부족하다는 느낌이 들었지만, 시간이 지나면서 서서히 사랑이 깊어지는 관계가 있습니다. 물질적으로는 부족하지만 최선을 다하는 모습에서 믿음이 생기기도 합니다. 물질에 우선 마음이 기울면 물질로 인해 좋은 인연을 만나기가 힘들게 됩니다. 외모보다는 마음이 따뜻하고 내면이 아름다운 사람을 만나야 합니다. 처음과 똑같이 잘할 수는 없지만 노력하는 사람인가를 보아야 합니다. 교제하면서 아래와 같은 예시를 통해 살펴볼 수 있습니다.

① 친절한 사람인가: 상대에게 관심 가져 주고 배려하고 공감을 잘하는 사람이다. 착한 마음씨를 가진 사람은 계산적이지 않고 어려운 사람이 있으면 먼저 도움을 준다.

② 심리적으로 안정적인 정서를 가진 사람인가: 정서가 안정된 사람은 충동적으로 반응하지 않고 사려 깊게 대응한다. 문제가 생겼을 때 누구를 탓하거나 화를 내기보다 문제해결에 최선을 다한다.

③ 상대가 본인의 일(직업)을 어떻게 생각하는가: 일이나 직업에 대하여 자긍심을 갖는지 또 꾸준히 한 가지 일에 집

중하는가, 일에 대한 열정이나 얼마만큼 그 일을 사랑하는지 한결같은 마음을 유지하는가를 본다.

④ 시간 관리를 통해 자기관리가 잘되는 사람인가: 일과를 통해 더 중요한 일과 덜 중요한 일의 구분을 어떻게 하는가, 삶의 우선순위를 어디에 두는지 본다.

⑤ 상대의 가치관을 관찰한다: 나와의 다름을 인정하고 사랑해주는 사람인가, 사람은 누구나 장단점을 가지고 있다. 이런 인간의 본성을 이해하고 상대의 단점을 수용할 수 있어야 한다.

2. 마음이 따뜻한 사람

생명체가 살아가는 데 중요한 요소로 작용하는 것이 기후가 아닌가 생각합니다. 날씨가 너무 추워도, 너무 더워도 생명체가 살아가기에는 많은 어려움이 따릅니다. 이것은 살아 있는 생명체인 동물이나 식물에만 한정되는 것이 아닙니다. 사람이 만든 기계도 마찬가지입니다. 우리가 사용하는 일상생활의 필수품인 자동차를 보면 쉽게 이해할 수 있습니다. 자동차를 타기 위해 시동을 걸 수 있는 것도 일정 온도가 유지될 때 가능한 것입니다. 이처럼 온도는 사람이 생존하는 데 있어 중요하게 작용합니다.

사람의 마음도 온도로 표현합니다. 냉정한 사람, 뜨거운 사람, 열정적인 사람, 차가운 사람, 요즘 쓰는 말 중에 차도남, 차도녀 등이 있습니다. 사람은 너무 춥지도, 너무 덥지도 않은 따뜻한 날씨를 좋아합니다. 이와 같이 사람을 대할 때도 차갑고 냉정한 사람이나 너무 열정적인 사람보다는 비교적 따뜻한 사람에게 호감을 느끼게 됩니다. 따라서 인생의 동반자를 선택하는 데 있어서 마음이 따뜻한 사람에게 마음이 끌리게 됩니다.

진실로 마음이 따뜻한 사람이란 걸 어떻게 알 수 있을까요? 마음이 따뜻한 사람에 대해 관찰하는 방법을 알아봅니다.

① 대화가 부드럽다: 말이나 말투가 따뜻한 사람이 있습니다. 웃고 있는 밝은 표정과 상냥한 말로 대화하는 사람입니다. 같은 말을 하더라도 자기 위주가 아닌 상대를 배려하는 대화를 하고 있으면 기분이 좋아지고 마음이 따뜻해집니다.

② 다정다감한 느낌을 준다: 상대의 말을 잘 들어주는 사람입니다. 끝까지 들어주고 공감해주는 사람입니다. 온순한 성향을 지닌 사람이 있습니다. 예를 들어 남성이지만 여성스럽고 소심한 성격을 지닌 사람입니다. 원래 가지고 있는 성향인지, 목적을 가지고 일시적으로 하는 행동인지 봅니다.

③ 상대의 입장을 배려하는가: 이것은 함께 있을 때도 살필 수 있지만 보다 더 잘 살필 수 있는 것은 나를 만나지 않을

때 얼마나 배려하는가를 봅니다. 상대가 나에게 어느 정도의 관심이 있는지 SNS나 여러 정황으로 알 수 있습니다. 불안하게 하지는 않는가, 걱정하게 하지는 않는가 등을 통해 나를 사랑하고 있는지를 판단해 봅니다.

④ 이타심을 가진 사람: 어려운 사람을 보면 나와 상관없는 사람에게도 도움을 주고자 합니다. 다른 사람에게 피해를 주는 행동을 하지 않습니다.

⑤ 화내지 않는 사람: 화나는 상황에서도 쉽게 화내지 않는 사람입니다.

3. 경제 관념이 있는 사람

삶에 있어 생존과 직결되는 요소로 작용하는 것이 경제라고 할 수 있습니다. 결혼 상대를 만나고 선택하는 데도 중요한 부분이라고 할 수 있습니다. 결혼을 하게 되면 부부로서 경제공동체의 주체가 되어 한 가정의 생계를 책임지고 살아가야 하기 때문입니다. 결혼 상대를 관찰하고 판단할 때는 상대가 어떤 경제 관념을 가지고 있는가를 살피는 것은 중요한 점이라고 할 수 있습니다.

상대의 경제 관념을 살피는 방법은 바로 저축 습관과 소비 습관을 통해 관찰해 볼 수 있습니다. 먼저 대화를 통해 살펴야 할 사항은 저축하고 남는 돈을 소비하는가 아니면 소비하고 남은 돈을 저축하는가 입니다. 돈을 버는 것도 중요하지만 더욱 중요한 것은 들어오는 돈에 대한 관리입니다. 매월 들어오는 수입과 구체적인 연봉에 관한 질문은 조심스러울 수 있습니다. 그러나 결혼 배우자로서의 적합성을 검정하는 과정인 점을 생각할 때 정확한 연봉이나 월수입에 대해 서로 공개하고 판단 받아야 할 것입니다.

 서로 자산을 공개할 의향에 대해서도 합의가 필요합니다. 만약 상대가 공개를 거부하거나 사실에 부합하지 않는다면 결혼 상대로 적합하지 않은 사람으로 판단하고 교제를 끝내야 합니다. 상대가 저축하고 있다면 어떤 저축상품을 이용하는가? 주택청약저축 계좌가 있는지도 살펴보아야 합니다.

 매월 수입액의 몇 %의 금액을 저축하는지 확인도 필요합니다. 이러한 정보를 통해 그 사람의 재테크 상황을 짐작할 수 있습니다. 이성 상대의 나이와 직장경력이나 사업경력 그리고 월수입을 종합했을 때 소비와 저축의 비율로 상대의 경제 관념 정도를 살필 수 있습니다. 먼저 소비하고 남는 돈을 저축하는 사람이라면 경제 관념이 떨어지는 사람으로 보아야 합니다. 저축을 못 하거나 하지 않는 사람이라면 그 이유에 대해 알아보아야 합니다. 사람에 따라서 본인이 직접 자산 관리를 하지 않는 경우도 있습니다. 어머니나 다른 가족이 한다면 왜, 그렇게 하는지 알아봅니다.

 다음은 소비 습관을 관찰하는 방법입니다. 상대의 소비 습관 중에서 중요 포인트는 계획성 있는 소비를 하는지입니다.

계획성 있는 소비란 저축하고 남은 돈에서 매월 기본적으로 지출해야 하는 전기세, 수도세와 같은 공공요금을 포함해 생활비와 생활비 외 취미활동이나 유흥, 레저, 접대, 쇼핑 등 소비목록을 작성하고 소비계획을 세워서 하는 소비를 말합니다. 상대가 가계부를 작성하는 사람이라면 좋은 습관이 있는 사람이라고 볼 수 있습니다. 명품제품을 선호하는 사치성 소비나 불필요한 소비 습관 등으로 낭비는 하지 않는가를 통해 현명한 소비 습관이 있는 사람인가를 살핍니다.

다음은 상대의 소비패턴과 월 고정 지출금액을 봅니다. 상대의 소비 습관을 통제하거나 바꿀 수 있는 사람인가를 살펴봅니다.

4. 성실한 사람

성실의 의미를 알아봅니다. 성실은 한자로 정성 誠(성)자와 열매 實(실)자가 만나서 이루어진 단어입니다. 농부가 노력과 정성을 다했을 때 열매가 열린다는 의미에서 만들어진 단어로 미루어 짐작해 볼 수 있습니다. 사람이 행하는 모든 일에는 정성이 필요합니다. 그렇게 했을 때 최선을 다했다 할 수 있을 것입니다. 성실은 자본주의 사회에서 갖추어야 할 중요한 기본자세라고 할 수 있습니다.

농경사회에서는 농부는 열매를 얻기 위하여 사계절 내내 땀 흘려 농사를 짓습니다. 산업사회에서는 자기가 하는 일이나 직업에서 농부만큼 땀 흘려 최선을 다했을 때 그에 상응하는 보상을 받을 수 있습니다.

 자기가 하는 일이나 직장생활에 임하는 태도를 통해 성실한 사람인지를 봅니다. 교제 단계에서는 이성의 상대를 대하는 태도를 보면서 성실성을 확인할 수 있습니다. 결혼 후에는 아내나 남편으로서 가정생활이나 모든 일에 정성을 다하고 최선을 다 할때 성실한 사람으로 볼 수 있습니다. 그러나 주위에는 이런 기본이 갖추어지지 않은 불성실한 극소수 일부의 사람들도 있습니다. 특히 교제 단계에서 일상에서의 삶의 태도, 나를 대하는 태도, 일이나 직장에서의 태도 관찰을 통해 성실한 사람인지 판단을 내릴 수 있습니다.

 -일상과 일주일간의 삶의 패턴을 통해 가늠해 볼 수 있다.
 -하는 일이나 직장에서 맡은 역할과 업무를 통해 성실한 사람인지를 판단 할 수 있으며 이는 제3장에서 다루었던 '내면적 관찰'을 활용한다.

빠른 결혼의 좋은 점과 장점

　결혼은 우리 삶에서 가장 중요하고도 가장 큰 가치를 지니고 있습니다. 세상에서 그 어떤 것으로도 결혼만큼 대신 할 수 있는 것은 아무것도 없습니다. 결혼을 할 수 있는 여건이 충분히 갖추어 졌음에도 결혼을 미루거나 그 외 여러 가지 이유로 늦은 결혼을 하는 사람들을 보게 됩니다.
　결혼과 결혼생활을 유지하는데 필요한 최소한의 조건은 두 가지라고 앞에서 설명했습니다. 결혼에 꼭 필요한 충분조건은 두 사람의 변함없는 사랑과 생활에 필요한 일정한 소득, 그것입니다. 서로 사랑하는 이성의 상대와 만나 빠른 결혼을 통해 가정을 빨리 이루었을 때의 좋은 점과 인생에서 삶의 질이 높아질 수 있는 것에 대해 알아봅니다.

1. 경제적인 장점이 있다

 우선 교제비용을 아낄 수 있습니다. 교제할 때 지출되는 최소비용을 일주일에 평균 10만 원을 계산하면 월 40만 원이 지출됩니다. 이를 1년으로 계산하면 약 500만 원 이상이 지출된다는 계산이 나옵니다. 이것은 일주일 한번 만나서 지출되는 교제비용을 예상한 금액입니다. 어떤 사람들은 모아놓은 돈, 저축해 놓은 돈이 없어서 결혼할 준비가 되지 않았다고 합니다. 모아놓은 돈, 저축해 놓은 돈이 없는 사람일수록 결혼을 서둘러야 합니다.

 하나의 방법으로 결혼식을 미루고 혼인신고를 통해 합법적인 부부로서 가정을 이루는 것입니다. 가정을 이루었을 때 각자 해왔던 경제생활을 하나로 모음으로서 한 집 살림으로 줄어들 수 있다는 것은 크나큰 장점입니다. 생각해 보면 고정비용으로 지출되는 주거비와 생활비에 대한 지출을 줄이게 되고, 이는 순수익으로 돌아오게 됩니다. 반대로 결혼 준비를 위해 결혼을 늦추게 됨은 연인관계를 유지하기 위해 지속적인 지출은 늘어나고 결혼도 늦어지고, 나이만 들게 되는 악순환으로 이어진다는 생각을 해봅니다.

 가정을 이루었을 때의 책임감을 부담스러워하는 사람이 있습니다. 삶에서 중요한 가치와 명분을 생각하지 않고, 책임감에 대한 부담만으로 이 책임을 회피하고 살아가는 사람들이 있습니다. 이 쉬운 길을 선택하는 사람에게 인생에서 보상과 감동, 보람이 있을까 하는 생각이 듭니다. 인생에서 느낄 수 있는 행복 또한 지극히 제한적이라는 조언 합니다.

 결혼하고 가정을 이룸으로써 결혼 전보다 책임과 희생이 따르지만, 반드시 그 책임과 희생 뒤에는 그에 상응하는 이상의 대가가 주어지게 됩니다. 가정을 이루었을 때의 부부는 경제공동체로서 이는 "나 자신"을 발전시키는 강력한 동기부여로 작용합니다.
 지출은 줄이고 수익을 늘리는 소비계획으로 부부는 태어날 자녀와 함께 거주할 내 집 마련을 위해, 가족의 생계를 위해 성실한 삶에 최선을 다함으로써 부유해질 수 있습니다. 혼자서 사는 사람보다 결혼해서 가정을 이룬 사람들이 대체로 빨리 내 집 마련을 하는 것을 볼 수 있습니다.

2. 양가 부모의 도움(육아)을 받을 수 있다

 자녀 양육은 낳은 부모가 해야 하는 것이 원칙입니다. 그러나 상황에 따라서 신혼 초기에 맞벌이로 혹은 자녀 양육에 대한 경험 부족으로 부모의 도움을 받아야 할 상황이 될 수도 있습니다. 너무 늦은 결혼을 했을 경우 부모님이 연로하시거나 돌아가시고 안 계신다면 이러한 도움을 받을만한 대상이 없게 됩니다. 가장 믿고 도움을 요청할 수 있는 분은 양가 부모님이라는 점은 누구나 공감하는 사실입니다.

3. 자녀와의 소통에 좋은 장점이 있다

 빠르게 변화하는 현대사회를 볼 때 자녀를 양육하는 과정에서 생길 수 있는 자녀와의 소통 문제입니다. 예를 들어 25세에 결혼한 부부와 35세에 결혼한 부부가 있다면 10년이라는 세월 차이가 있습니다. 흔히 자녀들과의 대화에서 세대 차이가 난다고 말합니다. 한 세대를 30년으로 볼 때 10년 차이는 결코 가볍게 여길 세월이 아니라는 조언 합니다. 일찍 결혼해서 젊은 나이에 출산을 통해 양육하게 되었을 때 자녀와의 원활한 대화로 소통을 잘할 수 있다면 가정의 분위기가 밝고 웃음꽃이 피는 화목한 가정이 될 것입니다.

4. 미래 변화에 대한 대비가 수월하다

 세상은 과학 물질문명의 발달로 인해 급속도로 변화하고 있습니다. 그로 인한 직업이나 일자리 감소를 예상해야 합니다. 특히 인공지능 로봇의 등장으로 많은 일자리가 사라질 것으로 전망되고 있습니다.
 갈수록 올라가는 인건비 상승으로 인하여 노동력이 필요한 고용주는 인건비를 줄이기 위해 인공지능 로봇으로 사람의 노동력을 대체하는 모습도 보게 됩니다. 따라서 빠른 결혼을 통해 젊었을 때 자녀 양육의 책임을 다함으로써 중년의 나이가 되어 명퇴나 사라지는 일자리로 인한 생계의 위험에 따른 대비가 수월하다 할 수 있습니다.

5. 중년의 건강한 몸으로 손주를 맞는다

때묻지 않은 천진난만한 어린아이를 보면 사랑의 감정이 생깁니다. 해맑게 웃는 밝은 표정에서 서투른 발걸음과 귀여운 행동에서 사랑의 마음이 일어납니다. 정말 하늘에서 내려온 천사라는 생각이 듭니다. 이런 아이에 대한 감정을 20대에 느끼는 것과 30대에, 40대, 50대에 느껴지는 감정에는 온도 차가 있습니다.

점점 세월의 연륜이 더해 갈수록 사랑의 감정도 익어갑니다. 할아버지, 할머니들이 느끼는 어린아이에 대한 사랑의 감정은 더욱 커지게 됩니다. 할아버지, 할머니가 되어 나의 피를 이어받은 손주의 사랑은 최고조에 이르게 됩니다. 할아버지, 할머니가 되어 천사와 같은 손주를 만날 때의 감동은 경험한 사람만이 느낄 수 있는 기쁨입니다.

천사와 같은 손주를 안아보고 싶고 같이 놀아 주고도 싶지만 늦은 결혼이 되어 신체가 따라주지 않는다면 안타까운 상황이 될 수도 있습니다. 이 또한 젊은 나이에 빠른 결혼을 통해 누릴 수 있는 인생의 큰 기쁨이자 행복이라 할 수 있습니다. 그러므로 젊은 할머니 할아버지의 행복 지수도 당연히 올라가겠지요.

6. 삶의 질이 좋은 노후를 보낼 수 있다

사람의 신체는 유한한 물질로 이루어져 있습니다. 시간의 차이가 있을 뿐 영원할 수도 없습니다. 신체 건강을 위해 꾸준히 운동하고 몸에 좋은 보약, 건강식품 등으로 보충하지만 세월의 나이를 되돌릴 수는 없습니다. 먼저 살다 간 유명한 인물 중에는 연명 장수, 불로장수의 방법을 찾았던 사람도 있었습니다. 그러나 뜻을 이루지 못하고 돌아가셨습니다. 가장 현명한 방법은 젊었을 때 결혼과 양육의 책임을 다하고 좀 더 젊은 나이에 노후를 맞이하는 것입니다.

 노후를 즐겁고 보람 있게 보내는 것에 대해 알아봅니다.
 첫 번째 여행을 꼽을 수 있습니다. 여행은 남녀노소 누구나 좋아하는 여가 활동입니다. 그러나 노후에 떠나는 여행은 특별한 혜택이 있습니다. 많은 시간적인 여유를 가질 수 있습니다.

 두 번째 취미활동입니다. 바쁘게 열심히 살다 보니 하고 싶었던 취미생활, 하지 못했던 취미활동을 마음껏 하는 것입니다. 차고 넘치는 다양한 활동 중에서 내가 원하는 생활이나 활동을 통해 삶의 질이 높은 노후를 보내는 것입니다.

 세 번째 노후에도 경제활동을 하는 것입니다. 젊었을 때의 전문능력을 살리거나 노동을 통해 수익 활동을 하는 것입니다. 금전적인 수익보다도 사회 구성원이 되어 일을 통해 정신적인 만족감과 노력에 대한 보상을 통해 삶의 질을 높일 수 있습니다.

네 번째 봉사활동을 들 수 있습니다. 사회봉사, 자원봉사를 통해 베풂과 나눔을 실천하는 것입니다. 나의 손길이 필요한 곳을 찾아 사랑을 베풀고 감사의 인사를 받으며 서로의 행복을 느끼고 바라볼 때 두 배의 행복을 갖습니다.

행복한 노후를 보내기 위해서는 무엇보다 건강이 뒷받침되어야 합니다. 인생의 마지막 노후를 잘 마무리하기 위해서라도 빠른 결혼과 젊은 노후는 지혜로운 인생의 선택이라 할 수 있습니다.

늦은 결혼의 위험 요소와 단점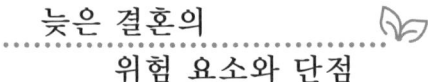

결혼을 늦게 하게 되었을 때의 위험 요소와 빠른 결혼에 비해 상대적으로 어려움을 겪을 수 있는 결혼 생활에 대해 알아봅니다. 대체로 빠른 결혼의 장점이 늦은 결혼의 단점이 되는 경우를 생각해 볼 수 있습니다.

우리는 생로병사라는 변화의 사이클 속에서 살아가는 존재라는 사실을 생각해야 합니다. 인생에서 가장 기력이 왕성한 20, 30대를 지나면서 서서히 신체는 노화를 겪으면서 면역력이 떨어진 신체는 약해지기 마련이고 병이 들게 된다는 사실입니다. 이러한 생로병사 변화과정의 사이클을 잘 인식해서 세월의 변화에 따른 신체나이에 맞게 건강한 삶의 계획을 세울 필요가 있습니다.

1. 인정받을 수 있는 최고의 가치를 생각하자

결혼을 생각할 때 가장 중요한 조건 중의 하나는 나이라고 할 수 있습니다. 이성의 상대가 20대냐? 30대냐? 나보다 나이 많은 사람인지, 나보다 나이가 적은 사람인지, 몇 살인지 생각합니다. 상대방도 똑같은 생각을 하게 됩니다. 이성의 상대로부터 나의 가치를 최고로 인정받을 수 있는 평균 나이는 20대 중반이라고 할 수 있습니다.

앞의 빠른 결혼을 통해 알았듯이 결혼은 이성의 남녀가 부부가 되어 가정을 이루고 다가오는 미래의 인생을 함께 개척해 가야 할 시기로 빠른 결혼 선택이 중요합니다. 그런 최적의 조건의 나이가 20대 중반이라고 할 수 있습니다. 30대에 이르면 20대와 비교해서 그만큼 시간적인 여건이나 기회가 줄어들고 하락하게 됩니다. 똑같은 "나"라는 존재도 20대인 지금의 나의 가치와 10년 후, 30대가 된 나의 가치가 같을 수는 없습니다.

2. 난임의 위험이 있다

난임이란 부부가 일주일에 1, 2회 이상의 성관계가 있었으나 임신이 되지 않는 것을 말합니다. 학자들은 난임의 원인을 여성 30%, 남성 30%, 양쪽 20%, 원인불명 20% 수준으로 봅니다. 최근 난임의 증가 추세는 결혼연령이 늦어지는 데서 원인을 찾을 수 있으며 나이는 가임력에 영향을 미치는 가장 중요한 요인입니다. 남녀 모두 24세를 기점으로 생식능력이 떨어지게 됩니다. 24세부터 5년이 지날 때마다 임신 성공까지 시간이 2배로 길어질 수 있으며, 만 35세 이후부터는 임신 능력이 현저히 떨어진다고 합니다. 미국의 한 연구에 따르면 30세 미만 여성의 난임 비중은 약 13%, 30대 여성의 난임 비중은 22%였습니다. 남녀 모두 30대 전에 결혼을 서두르는 것이 난임의 위험을 낮추는 방법이라 할 수 있습니다.

 만약 난임 부부 판정받아 난임 시술을 받게 되는 경우 시간적인 비용과 금전적인 지출을 부담해야 합니다. 결혼 생활에 있어 결코 가볍게 볼 사안이 아니라고 할 수 있습니다. 우선은 시술 비용에 있어 적게는 수백만 원에서 길어지는 경우 수천만 원 이상의 비용이 들기도 합니다. 난임 부부로 판정받고 난임 시술하는 과정에서의 신체, 정신적인 스트레스와 병원에서 진행하는 프로그램 수행에 따른 일상생활의 번거로움도 감수해야 합니다.

3. 사춘기와 갱년기가 만날 수 있다

 성장하는 자녀의 사춘기와 부모의 노화 과정에서 겪는 갱년기가 겹치게 됨으로써 인해 생길 수 있는 갈등 상황을 생각해 볼 수 있습니다.
 사춘기란 육체적, 정신적으로 성인이 되어가는 시기라 할 수 있습니다.

> 남자: 나이 12, 13세~16세
> 여자: 나이 11, 12세~17세

　사춘기는 신체적인 성장과 정신적인 성숙이 급격히 발달하는 기간으로 성인이 되었을 때, 부모로부터의 독립과 자립하기 위한 준비를 하는 과정으로 인식해야 합니다. 이는 부모의 양육과 보호받는 환경에서 스스로 벗어나기 위한 과정으로 이 과정은 마치 둥지 안의 새끼 새가 날갯짓하며 자랐던 둥지를 떠날 준비를 하는 과정으로 이해해야 합니다. 특히, 이 시기에는 타인의 간섭을 받지 않고 스스로 이성적으로 판단하고 결정하며 시행착오의 과정을 통해 독립적으로 생존을 위한 준비의 기간이라 할 수 있습니다.
　심리적으로 예민해지며 사소한 일에도 쉽게 짜증을 내기도 하고 혼자 있고 싶어 한다든가 어디론가 떠나고 싶어 하기도 합니다. 이런 변화는 이제 아이에서 성인으로 되어가는 시간 속에서 자연스럽게 일어나는 현상입니다.

　갱년기란 인체가 성숙기에서 노년기로 접어드는 시기라 할 수 있습니다.

> 남자: 나이 42~53세
> 여자: 나이 45~55세

　미국의 한 여성 뇌 과학자는 여성호르몬을 관용의 호르몬이라 표현했습니다. 여성호르몬이 풍부할 때 희생과 헌신을 한다고 합니다. 곧, 풍부한 여성호르몬은 강한 모성애를 자극하는 물질이라 할 수 있습니다. 그러나 풍부한 여성호르몬도 갱년기가 되면 감소하게 됩니다. 이때 겪게 되는 심경의 변화는 각성입니다. 지금까지 희생을 하며 살아 온 나는 무엇인지를 생각하게 됩니다. 여성호르몬이 줄어들수록 슬퍼지기도 하고 우울해지기도 하면서 자아 성찰의 시간을 갖기도 합니다. 이것은 부모로서 자녀 양육을 위해 꼭 필요했던 모성애를 갱년기의 과정을 통해 자녀 양육에 대한 책임과 역할에서 벗어나는 과정입니다.

그동안 자녀 양육으로 수고와 희생의 시간에서 벗어나 이제 남은 인생은 휴식의 시간을 보내라는 의미입니다. 이렇게 볼 때 자녀의 사춘기와 부모의 갱년기가 교차하지 않는 나이는 자녀의 사춘기가 끝나는 나이(15세~17세)가 부모의 갱년기가 시작되는 나이(42세~45세)라는 계산이 됩니다. 그러므로 자녀의 사춘기와 부모의 갱년기가 겹치지 않는 자녀 출산 나이는 30세가 되기 전인 20대 중, 후반으로 생각해 볼 수 있습니다.

4. 자녀 양육에 양가 부모의 도움을 받기 어렵게 된다

자녀의 양육은 부부가 해야 하는 것에 대해 부정하는 사람은 없을 것입니다. 그러나 인생에서 첫 출산과 자녀의 양육에 경험이 없는 신혼부부로서는 많은 어려움이 따르게 됩니다. 특히, 출산과 출산 후 산모의 몸조리와 신체적인 회복 기간 그리고 신생아 돌보기 등에 있어 경험 있는 양가 부모의 도움은 산모의 심리적인 안정에 있어 절대적이라 할 수 있습니다. 또, 자녀를 키우면서 급한 상황이나 누군가의 도움이 필요할 때를 생각해 볼 수 있습니다.

 아이들은 부모로부터의 사랑이 필수적이지만 또다른 가족으로부터의 많은 사랑이 필요합니다. 그중에서도 할아버지, 할머니로부터의 교감과 사랑은 성장 과정에 있어 심리적, 정서적 많은 영향을 미치게 됩니다. 특히 아동기에는 부모와 다르게 할머니 할아버지로부터 받는 사랑이 훨씬 크므로 조부모와 함께 가족적인 환경을 만들어 주는 것이 좋습니다. 할머니 할아버지는 손주들에게 정서적인 안정감과 심리적인 위안이 되며 더불어 많은 사랑을 받고 성장한 아이는 타인과의 관계도 건강하고 원만합니다. 따라서 성장기 어린아이들에게 있어서의 할아버지, 할머니의 존재와 사랑은 인생의 큰 선물과도 같은 행복입니다.

5. 늦은 나이에 손주를 맞이하게 된다

 30대 중후반의 늦은 나이에 결혼하게 됐을 때 평균적으로 부모의 나이 또한 들어가면서 뒤늦게 손주를 보게 되는 상황을 생각해 봅니다. 이제는 부모가 아닌 할아버지, 할머니의 자격으로 손주를 맞이하게 되는 기분은 어떨까요? 나의 피를 물려받은 천사와 같은 어린아이가 할아버지! 할머니! 를 외치며 달려오는 모습을 상상해 봅니다. 달려오는 천사를 힘껏 들어 안아보는 상상이 들지 않는가요? 이 가슴 벅찬 감동의 순간을 맞이하는 것 또한 체력이 뒷받침되는 너무 늦지 않은 신체 건강한 나이라고 할 수 있습니다. 30대의 늦은 결혼으로 인해 얼마 후에 맞이하게 될 이러한 감동의 순간들이 파도의 썰물처럼 왔다가 빠져나간다고 생각해 보면 많은 아쉬움이 남습니다.

6. 빠른 시대변화로 일자리에 대한 대비가 어렵다

우리가 인생에서 세월의 변화와 시대의 변화를 실감하는 것은 시간의 빠름도 있지만 과학의 발전과 더불어 물질문명의 발전이라 할 수 있습니다. 시대의 변화를 10년 혹은 20년 단위로 나누어서 유추해 비교해 보면 더욱 시간이 빠르다는 것이 실감이 나고 체감이 됩니다.

이를 통해 우리가 어릴 적 일상생활에 썼던 물건이나 도구를 떠올려보면 그때는 사용하였으나 현재는 사라지거나 사용하지 않는 물건, 존재했던 직업이나 일자리가 없어져 가는 것을 알 수 있습니다. 그만큼 빠른 변화 속에서 과학 문명의 발전하는 속도에도 놀라지 않을 수 없습니다.

결혼을 통해 아이를 양육해야 하는 기간은 정해져 있다고 할 수 있습니다. 부모로서 가족을 부양해야 하는 책임을 생각할 때 시대의 변화를 간과할 수 없는 일입니다. 앞으로도 꾸준히 사라지는 일자리나 없어지는 직업 현상을 심각하게 고려해 봐야 할 것입니다. 늦은 결혼은 가족의 생계를 생각할 때도 위험부담이 될 수 있습니다.

7. 늦은 나이에 노후를 맞게 된다

결혼은 곧 노후와 직결된다는 점을 명심해야 합니다. 노후란 자녀 양육과 함께 자녀를 독립시킨 후 맞이하게 되는 인생의 남은 시간을 말합니다. 이 시간은 부모로서 자녀 양육에 최선을 다한 부모들에게는 또 다른 제2의 인생이 시작되는 출발과도 같은 시간입니다. 이 시간은 또한, 인생에서 남은 인생을 정리하는 의미에서 볼 때 소중한 시간이라 할 수 있습니다.

노후를 50대에 맞이할 것인가? 60대에 맞이할 것인가? 에 대해 숙고가 필요합니다. 늦은 결혼으로 60대 가까운 나이에도 자녀 양육으로 힘든 시간을 보낼 때, 같은 나이의 동년배는 50대의 젊은 나이에 여가 활용과 봉사활동 등으로 여유로운 노후를 보내게 될 것입니다.

나의 결혼 시점 계산하기

 삶에서 시간은 중요합니다. 시간은 보이지 않지만 보이는 물질보다 더 가치 있는 것이라고 할 수 있습니다. 우리의 삶도 시간 속에 존재합니다. 시간을 과거, 현재, 미래로 나누기도 합니다. 하지만 과거와 현재와 미래는 서로 연결되어 있습니다. 현재의 시간 속에 멈춘 것처럼 느껴지다가도 눈에 보이지 않을 만큼 빨리 흘러갑니다. 10년, 20년은 길게 느껴지지만 지나고 보면 순간이라 할 만큼 빨리 지나가고 인생무상을 실감하게 됩니다.

 스스로 지나온 10년 전을 돌이켜보세요. 어떤 일들이 생각 나나요? 사람은 지혜로운 존재입니다. 현명한 사람은 곧 다가올 미래를 준비합니다. 현명하게 곧 다가올 미래를 준비하지 못한 사람은 후에는 후회하게 됩니다. 결혼 시기도 사람마다 생각의 차이로 빨라지기도 하고 늦어지기도 합니다. 사람마다 각자의 주어진 여건이나 상황이란 것도 존재합니다. 그러나 지나고 보면 별것 아니란 걸 알게 됩니다.

 결혼을 생각하면 동시에 결혼식을 떠올리게 됩니다. 결혼식은 청춘남녀가 만나 "한 가정을 이루고 잘 살겠습니다."라고 알리는 것입니다. 부모님과 지인들에게 결혼의 사실을 알리고 축하받기 위한 의식의 절차라고 할 수 있습니다. 결혼식은 신혼생활을 시작하는 신혼부부들에게 있어서 경제적으로 많은 부담감을 안겨줍니다. 꼭 결혼식을 하고, 결혼 생활을 시작해야만 하는 것은 아닙니다. 법적으로 부부가 된다는 것은 결혼식이 아니라 혼인신고입니다. 결혼식보다는 두 사람의 사랑과 인생이 더 중요합니다.

 결혼 생활에 꼭 필요한 조건은 2가지입니다. 그 두 가지는 두 사람의 변함없는 사랑, 생활이 가능한 경제력입니다.

 결혼 시기를 예상하고 판단할 수 있는 기준을 제시합니다. 현재 나이에서 결혼 후 다음 해 아이가 태어난다는 가정을 합니다. 태어난 아이가 25세가 되었을 때, 그때 나의 나이가 몇 세가 되는가? 입니다. 첫 아이의 나이를 25세 기준으로 제시한 이유는 아이가 대학을 졸업하고 양육하는 상황을 계산한 것입니다. 늦은 결혼일 경우 다음 해 바로 출산을 못 할 수도 있습니다. 다음으로 둘째 아이의 양육도 계산해 보아야 합니다. 결혼 후 자녀 양육의 경험이 없는 신혼부부에게 있어 첫 아이의 양육은 정성을 다하지만 부족함을 느낍니다. 첫 아이의 경험을 통해 부족했던 부분을 보완해 더욱 잘 양육할 수 있는 기회를 가질 수 있습니다. 그리고 부부가 삶을 다한 뒤 혼자 남게 될 자녀에게 미안함을 덜 수 있습니다.

결혼과 노후는 밀접한 연관이 있습니다. 결혼 후 25년과 직장생활 25년을 생각해야 합니다. 결혼 후 25년 후라면 어느덧 중년의 나이 50대를 예상합니다. 50대의 중년이라면 자녀 양육과 직장이나 일에 지치게 될 시점입니다. 그동안의 힘들었던 삶에 대한 휴식이 필요한 때입니다.

25세에 결혼을 한다면 50세에 노후를 맞이하게 될 것입니다. 30세에 결혼을 한다면 55세에, 35세에 결혼을 한다면 60세에 노후를 맞이하게 될 것입니다. 50대 초반에 노후를 맞을 것인지! 50대 후반에 노후를 맞이할 것인지에 대한 계산이 필요합니다.

중요한 한 가지를 덧붙이면 아이의 사춘기와 부부의 갱년기가 겹치지 않는 시점은 30세가 되기 전 20대 중반이 가장 적절한 시기라는 계산이 됩니다.

글을 맺으며

건강한 삶, 성숙한 삶을 위하여

인생에서 결혼은 행복의 문을 여는 것입니다.
혼자의 삶이 쉽고 편안하고 행복할까요.
그 쉽고 편안함이 영원할까요.
짧은 생로병사의 인생에서 얻는 것은 무엇일까요!

가정은 국가를 구성하는 최소 단위 조직이라고 할 수 있습니다. 이성의 남녀가 만나 결혼을 통해 가족을 구성하게 됩니다. 사람은 다른 사람과의 관계를 통해 인간관계를 맺게 됩니다. 세상 사람들은 누구나 건강한 삶과 행복한 삶을 원합니다. 건강한 삶을 위해서는 육체의 건강과 정신의 건강 바탕 위에 건강한 인간관계가 필수적입니다.

인간관계와 건강한 인간관계의 시작은 가족입니다. 우리는 세상 속에서 수많은 만남과 이별을 반복하는 관계 연속의 삶을 살아갑니다. 그 많은 관계 속에서 가장 오랫동안 끈끈하게 지속되는 관계는 부부관계라 할 수 있습니다. 결혼하지 않고 비혼으로 홀로 살아가는 삶을 선택하는 사람들이 있습

니다. 다양한 생각과 여러 가지 상처나 이유도 존재합니다.

 혼자의 삶에 대해 생각하는 시간을 가져봅니다. 20대, 30대는 수많은 관계와 바쁜 삶에 외로움과 고독은 전혀 나와는 무관한 단어입니다. 어느덧 40대, 50대가 되면 든든하게 지켜주고 응원해주던 부모님도 나약해지거나 곁에서 떠나게 됩니다. 한 부모 밑에 자랐던 가족들조차 만나기 어렵게 됩니다. 언제나 쉽게 만나주던 친구, 지인들도 쉽게 만나기 어려운 상황이 됩니다. 그들에게는 형제보다 친구보다 더 소중한 가족이 있습니다. 이제는 외로움과 고독이 현실이 되었습니다. 부모의 잔소리도 누구의 간섭도 들을 수 없습니다. 때로는 들려오는 전화벨 소리가 반갑게 들립니다.

 때로는 혼자의 삶이 편하기도 합니다. 혼자서 마음대로 결정할 수 있어서 편하다는 생각도 듭니다. 그것도 일시적인 위안에 불과합니다. 서로 생각이 달라도 소통하는 상대가 있는 것보다 못하니까요.

 영국의 경제학자 노리나 허츠는 저서 '고립의 시대'에서 외로움을 몸과 마음에 깊은 상흔을 남기는 질병으로 정의했습니다. 미국 공중보건서비스단에서는 "외로움이 하루 담배 15개비만큼 해롭다."라는 보고서를 냈습니다. 또 외로움은 우울증과 비슷한 감정이 생긴다고 합니다. 외로움도 이제는 사회문제로 대두되고 있습니다.
 사람은 인간이어야 하고 인간은 사회적 동물을 말합니다.

결혼은 희망입니다. 인생에서 결혼은 행복의 문을 여는 것입니다. 세상에서 내 편이 되어 주는 든든한 배우자, 자녀들이 있으니까요. 가족은 어떤 시련 속에서도 꿋꿋하게 이겨내는 힘입니다. 자녀의 양육을 통해 단절되어가는 세상과의 관계를 재결속 시켜줍니다. 자녀의 양육은 나의 영혼이 발전하고 성숙해지는 디딤돌이요, 어른으로 성장하는 성장판입니다.

비혼의 삶은 그들만의 세상을 만들면서 일반적인 삶에서는 동떨어지게 됩니다. 결혼하지 않고 혼자의 삶을 선택함은 서서히 세상과의 격리가 아닌 격리를 가속화 시키기도 합니다. 인생에서 비혼의 선택은 결국 보이지 않는 불행의 무덤을 파는 것입니다.

혼자의 삶이 쉽고 편안하고 행복할까요.
그 쉽고 편안함이 영원할까요.

짧은 생로병사의 인생에서 얻는 것은 무엇일까요!

추천서 I

**결혼에 대하여
다시 한 번 생각할 수 있게 하는 책**

김호덕 | 부산개인택시운송사업조합 이사장

결혼의 의미란 무엇인가? 가정을 이루기 위해서 결혼이라는 전제 조건이 따르며 결혼을 위해서는 이성 교제가 필요하다. 이 책은 결혼을 꿈꾸는 대한민국의 선남선녀에게 결혼을 통해 행복한 가정을 이루기 위한 길라잡이가 될 것이다. 단순한 가정의 구성원이 아니라 결혼과 결혼 생활을 위한 모든 연결고리의 재해석과 나아가야 할 방향을 제시하고 있다.

시대 흐름에 따른 변화에 대한 각자의 역할이 바뀌기도 하고 받아들이는 문화도 다르지만 사람의 행복과 건강한 가정을 이루어 결국 대한민국의 성장과 발전에 기여할 수 있는 초석이 되는 책이라 생각한다.

이 책의 구성은 총 5장으로 구성되어 있다. 1장은 결혼 생활과 삶이다. 결혼의 의미를 되새겨 보며 세상에서 가장 가치 있는 일을 다시 한번 생각해 볼 수 있는 계기를 부여한다. 2장은 교제를 위한 준비와 노력이다. 살아가며 시시각각

변화하는 세상에 맞서 나의 가치관 정립과 이성 교제를 위한 준비와 노력이 깃들어 있다. 3장은 결혼 상대 관찰하는 방법이다. 결혼 상대를 관찰하는 방법을 여러 방면에서 연구하고 서술하였다. 꼭 만나야 할 사람과 피해야 할 사람을 구체적으로 열거할 뿐만 아니라, 스스로도 만나야 될 사람으로서 행동해야 하고 변해야 한다는 사실을 생각하게 한다.

4장은 결혼 상대 판단 방법이다. 결혼 상대로 적합하지 않거나 부적합한 사람을 판단하기 위하여 예시를 통해 결혼을 앞둔 독자들에게 도움이 되고 있다. 글의 마지막은 '건강한 삶, 성숙한 삶을 위하여'이다. 결혼의 최종 목표는 건강한 삶을 이루고 서로 성숙한 삶을 위해 노력하며 행복한 삶을 살아나가는 것이다. 이 책을 읽는 독자는 결혼을 준비하는 선남선녀는 물론 가정을 이루고 있는 기혼자들도 읽기를 권한다.

나 또한 이 책을 읽으며 스스로 돌아보는 계기가 되었기 때문이다. 모든 것은 스스로의 행동과 말에서 나오듯이 좋은 습관과 바른 가치관을 가짐으로 오늘보다 더 나은 내일의 나 자신으로 발전시켜 나가야 할 것이다. 끝으로 이 책을 집필하신 조성빈 작가에게 감사드리며 이 글을 읽는 모든 독자께서 행복한 내일을 향해 건강하고 화목한 가정생활을 이루기를 간절히 기원한다.

추천서 II

결혼이란 역설적으로
'영원히 산다'는 진정한 의미

조민희 | 국제신문 기자

　우리나라 출산율이 0.7명대로 2021년 기준 경제협력개발기구(OECD) 38개 회원국 중 합계출산율이 1.0명에 못 미치는 국가는 한국이 유일하다. 1년에 25만 명이 태어나면서 저출생은 대한민국 최악의 사회문제로 떠올랐다. 정부는 그간 추진해오던 저 출생 대책이 효과를 발휘하지 못하자 급기야 '부총리급 저출산대응부 신설'이라는 처방을 내놨다.

　저출산은 워낙 복잡다기하다는 점에서 그 원인과 대책을 찾기가 쉽지 않다. 하지만 저출산의 기저에는 비혼이 자리 잡고 있다는 데에는 이견이 없을 것이다. 서양에서는 동거나 비혼 출산이 출산율을 증가시키는 해법 중 하나로 꼽힌다. 많이 변했다고는 하나 아직도 우리나라에서는 결혼한 부부가 자녀를 가지는 동양적 사고가 큰 줄기를 이룬다.

　저자는 이 점에 천착해 이 시대 모든 미혼남녀에게 결혼의 의미와 세상에서 가장 소중한 존재에 대해 설파한다. 모든

생명체가 가장 중요하게 여기는 종족 번식은 생명체의 본능이며 근본이라 할 수 있다. 아무리 과학과 의학이 발전해도 영원불멸한 생명체는 존재하지 않는다. 생명의 유한성은 종족 번식을 통해 극복된다. 또 인간은 사회적 동물로 외로움을 극복하기 위해 인생의 동반자를 만드는 결혼은 필수불가결 하다는 메시지를 전한다.

인간은 영혼을 발전시키고 성숙하기 위해 세상 공부를 꾸준히 해야 하는데 이성에 대한 사랑과 자녀에 대한 조건 없는 사랑이 주요한 방법이라고 강조한다. 저자는 결혼과 출산의 가치만 내세우는 게 아니라 만남 준비부터 이성 교제, 결혼 상대 관찰 및 판단하는 법 등을 상황별로 분류해 아주 자세하게 소개한다. 특히 외모나 인성 등 기본적인 조건은 물론, 최근 시대 흐름을 반영해 스토킹이나 데이트폭력 피하는 방법이나 대처법, 습관성 연락 기피 및 외도 시그널, 마마보이·걸 판별법 등 현실적인 사항도 상세히 알려준다.

최근 결혼 연령대가 높아지고 결혼 적령기가 없어지고 있는 점을 감안해 비교적 이르게 결혼할 때와 늦게 결혼할 때의 특징과 장단점을 소개해 나이대가 어린 미혼남녀가 결혼 시기에 대해서도 생각해 볼 수 있도록 했다. 인간은 교감의 동물로 결혼하지 않더라도 혼자서는 살아가기 어렵다. 비혼주의자라도 친구나 지인 반려동물 등을 통해 사회성을 이어 나가는 이유라고 볼 수 있다. 최근에는 고령화로 인해 독거 어르신들이 고독사하는 사례가 급증하고 있다. 외로움

은 흡연만큼 몸에 해롭고 우울증과 같은 질병으로 정의되기도 한다.

　이 시대를 살아가는 젊은이의 상당수는 본인의 삶이 힘들고 고통스러우니 자녀를 낳아 이런 고통을 겪게 하고 싶지 않다고 주장한다. 외로움과 삶의 고통을 떨치고 자신의 영혼을 충만하고 성숙시키기 위해 어떻게 해야 할까. 역설적이게도 그 해법은 건강한 몸과 마음을 갖고 가치관이 맞는 반려자를 만나 결혼하고 세상에서 가장 소중한 존재이자 '영원히 산다'는 진정한 의미를 깨닫게 해주는 자녀를 낳아 기르며 삶의 의미와 행복을 찾기 위해 노력하는 게 아닐까.

세상에서 하나뿐인

결혼지침서

발 행	2024년 5월 25일
지은이	조성빈
기 획	이화엽
편 집	이혜경
표지그림	박미숙
펴낸곳	도서출판 때꼴
주 소	부산 강서구 유통단지1로 41
전 화	051-941-4040
E-mail	ttaeggol@hanmail.net
가 격	16,000원

ISBN 979-11-92822-14-3

※내용의 일부 또는 전부의 무단 전재, 복제를 금합니다.